面向大模型的未来教师实务手册丛书　丛书主编　陈向东　范国睿

教师的科研实务

基于 AI 大模型的方法

高丹丹 / 著

华东师范大学出版社
·上海·

图书在版编目（CIP）数据

教师的科研实务：基于 AI 大模型的方法 / 高丹丹著.
上海：华东师范大学出版社，2025. -- ISBN 978-7
-5760-6386-8

Ⅰ.G632.0-39
中国国家版本馆 CIP 数据核字第 202597DP75 号

教师的科研实务
——基于 AI 大模型的方法

著　者　高丹丹
责任编辑　孙　婷　王嘉明
特约审读　李　瑞
责任校对　丁　莹　时东明
装帧设计　卢晓红

出版发行　华东师范大学出版社
社　　址　上海市中山北路 3663 号　邮编 200062
网　　址　www.ecnupress.com.cn
电　　话　021-60821666　行政传真 021-62572105
客服电话　021-62865537　门市（邮购）电话 021-62869887
地　　址　上海市中山北路 3663 号华东师范大学校内先锋路口
网　　店　http://hdsdcbs.tmall.com

印 刷 者　上海商务联西印刷有限公司
开　　本　787 毫米×1092 毫米　1/16
印　　张　14.25
字　　数　251 千字
版　　次　2025 年 8 月第 1 版
印　　次　2025 年 8 月第 1 次
书　　号　ISBN 978-7-5760-6386-8
定　　价　69.80 元

出 版 人　王　焰

（如发现本版图书有印订质量问题，请寄回本社客服中心调换或电话 021-62865537 联系）

总　序

千帆竞发　万舸争流　勇立潮头

——写给面向大模型的未来教师

范国睿

在科技飞速发展的当代，以大语言模型（Large Language Model，LLM）为代表的人工智能正"千帆竞发，万舸争流"，展现出蓬勃的发展态势。从早期的传统机器学习模型和基于规则的系统，到如今深度学习驱动、参数规模庞大的神经网络模型，大模型在自然语言处理、图像识别、数据分析等诸多领域取得了令人瞩目的成就，尤其在文本生成、智能问答和创意写作等任务上，其表现令人叹为观止。

人工智能的巨轮驶入学校教育领域，激起层层创新的浪花。在教学资源方面，大模型使得从海量资源中筛选优质内容变得更加高效和便捷。教师可以借助智能搜索，从庞大的数据库中精准筛选出适合不同学生群体的教学素材，丰富课堂内容；对于学生而言，个性化学习不再是梦想。智能学习系统能够依据学生的学习进度、知识掌握情况以及学习习惯，定制个性化学习计划，并推送专属的学习任务，以支持因材施教；大模型也进一步推动了虚拟教学环境的发展，使学生能够在模拟的场景中进行学习，从而提高了学习的趣味性和参与度。

未来已来，面对人工智能强势介入，教师必须认识到，在未来世界，教师依然是知识的传播者和学生成长的引路人，拥有人工智能难以替代的情感关怀、价值观引导和创造力激发的能力。但是，教师一定不可忽视人工智能作为未来教师助手的功能与价值，需要与人工智能共生共存共发展，利用大模型提供的数据和分析结果，更好地了解学生的需求，优化教学策略。同时，在与人工智能的协作过程中，教师自身也需要不断学习新的技术和理念，提升数字化素养，以便更好地驾驭智能工具，与 AI 携手共进，共同开创教育更加美好的明天。

从"拒绝-禁止"到"规范-倡导"的转变

2022年11月，OpenAI发布了基于GPT-3.5的对话式语言模型ChatGPT，该模型凭借其强大的对话能力和广泛的知识覆盖面迅速获得关注，成为历史上增长最快的消费者应用程序之一，同时也标志着大语言模型在教育领域的应用进入一个高潮。

实际上，面对ChatGPT的横空出世，教育界最初是持保守态度。2023年1月，美国纽约教育局以"对学生学习的负面影响，以及对内容安全性和准确性的担忧"为由，宣布禁止学生在其学校的设备和网络上使用ChatGPT，以预防学生作弊的行为。同时，包括乔治·华盛顿大学在内的多所高校，教授们开始逐步淘汰带回家的开放式作业，因为这种作业更易受到ChatGPT的影响。作为替代，他们更多选择课堂作业、手写论文、小组作业和口试等方法[1]。在欧洲，法国巴黎商学院、牛津大学、剑桥大学、曼彻斯特大学、布里斯托大学和爱丁堡大学等，都曾出台规定禁止学生使用ChatGPT。

然而，2023年7月以来，随着各种大模型的涌现及其教育应用的不断完善，许多国家和学校已从禁止使用生成式人工智能转变为允许、规范、鼓励和倡导使用。人们对LLM的教育应用持欢迎态度且付诸行动的人越来越多。在美国，一些公立中小学尝试将人工智能融入课堂，将生成式人工智能作为教学辅助工具，用于提高学生学习效率。截至2025年1月24日，美国阿拉巴马、亚利桑那、加利福尼亚、科罗拉多、康涅狄格、特拉华、佐治亚、夏威夷、印第安纳、肯塔基、路易斯安那、明尼苏达、密西西比、新泽西、北卡罗来纳、北达科他、俄亥俄、俄克拉何马、俄勒冈、犹他、弗吉尼亚、华盛顿、西弗吉尼亚、威斯康星、怀俄明25个州及其教育部门已出台关于在K-12学校使用AI的官方指导文件或教育政策。致力于将人工智能技术应用于教育领域的非营利组织AI for Education将这些文件汇编成包含文字摘要和各州完整指导文本链接的便捷资源[2]。美国密歇根大学购买了GPT-4、GPT-4 Turbo、LIama2

---

[1] Rosenblatt K. ChatGPT Banned from New York City Public Schools' Devices and Networks [EB/OL]. (2023-01-06) [2025-02-12]. https://www.nbcnews.com/tech/tech-news/new-york-city-public-schools-ban-chatgpt-devices-networks-rcna64446.

[2] AI for Education. State AI Guidance for K12 Schools [EB/OL]. (2025-01-24) [2025-02-12]. https://www.aiforeducation.io/ai-resources/state-ai-guidance.

等大模型服务，构建了 UM-GPT[1]，供全校师生免费使用。在欧洲，由牛津大学、剑桥大学、伯明翰大学等 24 所英国顶尖高校组成的罗素大学集团（The Russell Group）联合发布了在校园使用生成式人工智能工具的全新原则。只要"以合乎道德和负责任的方式"，学生可以使用 ChatGPT 等人工智能工具完成作业和规划评估[2]。荷兰代尔夫特理工大学尝试将生成式人工智能辅助教学技术应用于课堂，提高学生的参与度和教学质量。此外，澳大利亚教育部也宣布，从 2024 年起，允许所有学校使用包括 ChatGPT 在内的人工智能技术[3]。

大语言模型在教育领域的应用引发了国际组织和主要发达国家的广泛关注。各国和国际组织纷纷出台政策文件，旨在支持和规范 LLM 在教育中的应用。人们对生成式人工智能从"拒绝—禁止"到"规范—倡导"的态度转变，得益于国际组织和主要发达国家的政府和教育行政部门在教育政策上的转变与推动，以及相关大学的努力。

2023 年 11 月 1 日，包括中国、美国、英国在内的 28 个国家及欧盟在全球首届 AI 安全峰会上共同签署了《布莱切利宣言》（*The Bletchley Declaration*），承诺以安全、以人为本、值得信赖和负责任的方式设计、开发、部署和使用 AI，指出"现在正是一个独特的时刻，需要采取行动申明人工智能安全发展的必要性，并采取包容的方式，将人工智能的变革性机遇应用于我们各国和全球以为人类带来福祉，如卫生和教育、粮食安全、科学、清洁能源、生物多样性和气候等领域，以实现人权的享受，并为实现联合国可持续发展目标付出更多的努力"。[4] 该宣言是全球第一份针

---

1 University of Michigan. UM Generative AI Guidance［EB/OL］.（2023 - 08 - 21）［2025 - 02 - 12］. https://genaiumich.edu/guidance/students.
2 The Russell Group. New Principles on Use of AI in Education［EB/OL］.（2023 - 07 - 04）［2025 - 02 - 12］. https://www.russellgroup.ac.uk/news/new-principles-on-use-of-ai-in-education.
3 The Guardian. Artificial Intelligence Such as ChatGPT to Be Allowed in Australian Schools from 2024［EB/OL］.（2023 - 10 - 06）［2025 - 02 - 12］. https://www.theguardian.com/australia-news/2023/oct/06/chatgpt-ai-allowed-australian-schools - 2024.
4 Prime Minister's Office UK，et al. The Bletchley Declaration by Countries Attending the AI Safety Summit［EB/OL］.（2023 - 11 - 01）［2025 - 02 - 12］. https://www.gov.uk/government/publications/ai-safety-summit - 2023 - the-bletchley-declaration/the-bletchley-declaration-by-countries-attending-the-ai-safety-summit - 1 - 2 - november - 2023.

对人工智能技术的国际性声明,强调了人工智能技术在教育等各个领域的潜在风险和治理路径。宣言呼吁构建开放透明的人工智能治理体系,建立动态化监管机制,并推动国际合作。

国际组织的倡议。以联合国教科文组织为例,为了应对 ChatGPT 等生成式人工智能工具给高等教育领域带来的巨大机遇和安全、伦理、政策等诸多方面的挑战,于 2023 年 4 月颁布《高等教育中 ChatGPT 和人工智能:快速入门指南》(*ChatGPT and Artificial Intelligence in Higher Education: Quick Start Guide*)。该指南以 ChatGPT - 3.5 为例,探讨了 ChatGPT 的功能、工作原理与操作方法,描述了 ChatGPT 在高等教育中的应用图景,强调了人工智能在高等教育中的一些主要挑战和伦理影响,重点论述了人工智能应用对学术诚信、隐私保护、认知偏见、可及性差距、商业化风险等方面的影响和问题,并提出了高等教育机构可以采取的应对策略。同年 9 月,联合国教科文组织发布《生成式人工智能教育与研究应用指南》(*Guidance for Generative AI in Education and Research*),该指南是全球首份生成式人工智能相关的指南性文件,旨在促使生成式人工智能(GenAI)能够更好地融入教育。指南全面地分析了 GenAI 产生的争论及其对教育的影响,促进在教育和研究中创造性地使用 GenAI;呼吁各国政府通过制定法规、培训教师等方式,规范生成式人工智能的教育应用。这些政策的发布,显示了在政策限度内有序开放生成式人工智能教育应用是必然趋势;建议教育机构在使用 ChatGPT 等工具辅助学习之前,应对其进行验证,以确保其安全性和可靠性。该指南为教育机构提供了具体的操作建议,帮助其在利用 LLM 技术的同时规避潜在风险,推动了生成式人工智能在教育领域的合理应用。

发达国家政府与教育行政部门的政策规范与支持。2023 年 5 月,美国教育部发布研究报告《人工智能与教学的未来:见解与建议》(*Artificial Intelligence and the Future of Teaching and Learning: Insights and Recommendations*)[1],旨在促进教师、教育领导者、决策者、研究人员和技术研发人员协力解决人工智能在教育应用中出现的各种政策性问题。报告对教育领导者提出了七条政策建议:确保"人在回路中",将人类(教师、家长、学生、政策制定者、教育管理者等)参与置于人工智

---

[1] U. S. Department of Education,Office of Educational Technology. Artificial Intelligence and Future of Teaching and Learning:Insights and Recommendations[EB/OL].(2023 - 05 - 22)[2025 - 02 - 12]. https://www. ed. gov/sites/ed/files/documents/ai-report/ai-report. pdf.

能教育应用的核心位置；将人工智能模型与共同的教育愿景结合起来；使用现代学习原则设计人工智能，使人工智能的应用不仅要关注学习者的不足，还要识别学习者的长处并提供改进方案，使人工智能的应用建立在合作和全面学习原则的基础上，不仅要利用人工智能发展学生的认知能力，还要培养其社会技能，创造具有文化可持续性的人工智能系统，确保人工智能支持的学习资源适用于残疾学生等在内的弱势群体；加强对技术的信任，建立新兴教育技术的可信度标准，以使教育工作者、技术创新者、研究人员和政策制定者更好地合作；让教育工作者了解并参与到人工智能教育系统的设计、开发、测试、改进、使用、管理等每一个环节；将研发重点放在解决情境问题和增强信任与安全性上，人工智能模型善于理解和处理情境，并确保学习者在不同环境中使用的人工智能模型都是有效、安全和可信的；制定专门的教育指南和防护措施，以确保在教育领域安全有效地使用人工智能。2025 年 1 月，美国教育部教育技术办公室发布《驾驭中等后教育中的人工智能：未来之路的能力建设》（*Navigating Artificial Intelligence in Postsecondary Education: Building Capacity for the Road Ahead*）报告，指出人工智能的进步可能会对中等后教育机构具有双重作用：一是战略性地利用人工智能，帮助所有学生，特别是那些历史上服务不足的群体，更多地获得高等教育并取得成功；二是让中等后教育学生为人工智能驱动的创新所塑造的不断变化的职业前景做好准备。报告建议，制定透明的政策，说明如何利用人工智能支持中等后教育环境中的业务活动；创建或扩展基础设施，以支持人工智能在教学、学生咨询和支持以及评估方面的创新应用；严格测试和评估人工智能驱动的工具、支持和服务；寻求合作伙伴，设计和迭代测试教育应用中的人工智能模型；审查、调整和补充人工智能影响未来工作和职业机会的课程设置。

英国教育部于 2024 年 1 月发布《教育中的生成式人工智能》（*Generative AI in education*）报告，内容涵盖了生成式人工智能技术在教育领域的应用、影响、机遇、挑战和建议策略，从战略规划、利益相关者的合作、证据建设、学术诚信、劳动力需求、安全、隐私、数据保护和技术部署等多个方面，提出了教育部门希望从政府和相关机构获得的支持和建议，以确保 GenAI 技术安全、有效和负责任地在教育中应用[1]。2024 年 8 月，英国教育部发布《生成式 AI 的教育用例：用户研究报告》

---

1 Department for Education，UK. Generative Artificial Intelligence in Education［EB/OL］.（2024 - 01 - 24）［2025 - 02 - 12］. https://www.gov.uk/government/publications/generative-ai-in-education-educator-and-expert-views

(*Use Cases for Generative AI in Education: User Research Report*),探索了生成式人工智能在教育领域的潜在应用,指出大语言模型天生擅长提供反馈;使用生成式人工智能"给自己批改作业"是一种有效的评估技术。

此外,日本文部科学省于 2023 年 7 月发布《关于在初等中等教育阶段使用生成式人工智能的暂行指南》,为生成式人工智能在中小学教育阶段的应用指明了行动方向,并立足生成式人工智能的本质内涵和应用理念对其在中小学教育阶段的应用进行了全景刻画,明确提出生成式人工智能之于中小学教育应用的重要举措和核心关切。该指南旨在为学校提供参考,以便在教学和校务管理中合理、安全地使用生成式 AI,内容涵盖生成式 AI 的基本概念、在教育中的适用性、信息素养培养、学校行政管理中的应用,以及涉及个人信息保护、教育安全与版权问题的注意事项[1]。12 月 26 日,文部科学省发布第二版《初等中等教育阶段生成式人工智能利用指南》(Ver. 2.0)[2],进一步强调 AI 教育应用的人本原则:AI 的利用不应侵犯基本人权,而应扩展人类能力,促进多样性和可持续性。AI 的利用应有助于学生学习和教育目标的实现,而非作为目的本身;教师需要理解 AI 的机制和特点,以在教育中有效利用 AI;强调信息利用能力的重要性及其培养,包括知识技能、思考力、判断力、学习力和人性。

随着全球人工智能技术的飞速发展,教育领域逐渐成为 AI 创新落地的重要场景。然而,我国中小学在普及人工智能教育过程中,仍面临资源配置不均、师资力量不足、城乡差距明显等诸多现实问题。截至 2023 年底,全国具备 AI 相关教学资源的学校比例不足 30%,特别是在农村和边远地区,这一比例更低至 10%。科技部在 2022 年 8 月发布"关于支持建设新一代人工智能示范应用场景"的通知(国科发规〔2022〕228 号),要求针对青少年教育中"备、教、练、测、管"等关键环节,运用学习认知状态感知、无感知异地授课的智慧学习和智慧教室等关键技术,构建虚实融合与跨平台支撑的智能教育基础环境,重点面向欠发达地区中小学,支持开

---

1 文部科学省初等中等教育局. 初等中等教育段階における生成 AI の利用に関する暫定的なガイドライン[EB/OL]. (2023-07-04)[2025-02-15]. https://www.mext.go.jp/content/20230718-mtx_syoto02-000031167_011.pdf.
2 文部科学省初等中等教育局. 初等中等教育段階における生成 AI の利活用に関するガイドライン(Ver. 2.0)[EB/OL]. (2024-12-26)[2025-02-15]. https://www.mext.go.jp/content/20241226-mxt_shuukyo02-000030823_001.pdf.

展智能教育示范应用，提升优质教育资源覆盖面，助力乡村振兴和国家教育数字化战略实施[1]。2024年11月，教育部发布《关于加强中小学人工智能教育的通知》（教基厅函〔2024〕32号），明确了人工智能教育在中小学普及的目标和具体路径，力争到2030年实现全面覆盖。为有效推动中小学人工智能教育的全面实施，教育部提出了构建系统化课程体系、推进常态化教学与评价、开发普适化教学资源、建设泛在化教学环境、推动规模化教师供给、组织多样化交流活动六项任务，并通过一系列举措为人工智能教育的落实提供保障。在2025年1月教育部发布的《中小学科学教育工作指南》中指出，开拓生成式人工智能大模型在科学教学中应用的新场景，利用智能装备为科学教学创设沉浸式学习环境，借助自适应学习引擎实现学习路径的个性化定制与学习资源的适配推送；利用数据分析技术提升教学评价的精准化水平，将数字技术等智能化手段引入实验操作考试，提高实验考查的可行性和有效性[2]。

　　大学的规范与推进。为了支持学校师生安全、合乎道德和有效地使用生成式AI工具，美国哈佛大学教育研究生院创意计算实验室发布《学生自主项目中的GenAI：建议和启示》（*Generative AI in Student-Directed Projects: Advice and Inspiration*）[3]，该指南基于学习设计专业学生的经验编写而成，展示了GenAI在支持学生创造性自主项目（以学生自主性、批判性思维和解决问题为重点）背景下辅助教学和学习的有效方法。该指南强调了新技术带来的机遇和困难，并提供了建议、策略和使用时需要注意的一些事项。美国耶鲁大学发布的《面向教师的人工智能指南》（*AI Guildance for Teachers*）提供了有关探索生成式AI工作原理的指导，以及如何利用生成式AI调整当前教学的建议。同时，为教师提供了使用建议、阅读清单、教学示例和相关活动资源。美国康奈尔大学发布《教育与教育学中的生

1　科技部. 科技部关于支持建设新一代人工智能示范应用场景的通知：国科发规〔2022〕228号[EB/OL]. (2022-08-12)[2025-02-10]. https://www.gov.cn/zhengce/zhengceku/2022-08/15/content_5705450.htm.

2　教育部办公厅. 关于印发《中小学科学教育工作指南》的通知：教监管厅〔2025〕1号[EB/OL]. (2025-01-14)[2025-02-10]. https://www.gov.cn/zhengce/zhengceku/202501/content_7000414.htm.

3　Brennan K, Haduong P, Kolluru A, et al. Generative AI in Student-Directed Projects: Advice and Inspiration [EB/OL]. (2024-12-17)[2025-02-10]. https://creativecomputing.gse.harvard.edu/genai.

成式人工智能》(Generative Artificial Intelligence for Education and Pedagogy)，为生成式人工智能在教育情景下的应用提供指导方针和建议。同时，该指南还评估了生成式人工智能在教育环境中的可行性、优势和局限性，及其对学习成果的影响。美国弗吉尼亚大学发布的《教与学中的生成式人工智能》(Generative AI in Teaching and Learning)，旨在帮助教师了解高等教育中的生成式 AI 环境，包括什么是生成式 AI，生成式 AI 用于教学支持、学习支持、课程设计、学习评估中的方法，如何与学生交流生成式 AI 工具等。英国剑桥大学发布的《我们如何使用生成式 AI 工具》(How we use generative AI tools)，介绍了如何借助生成式 AI 实现文本生成、图像生成、音频/视频生成，并提出了使用生成式 AI 存在的隐私风险。英国伦敦帝国理工发布的《生成式人工智能和教育应用指南》(Generative AI & Education Guidance Hub)，提出知识、透明度和创新是推动生成式 AI 应用的关键原则，并为学校师生提供了教学工具包、应用案例、培训活动、道德要求和常见问题解答。德国图宾根大学发布的《生成式 AI 工具使用指南》(Guidelines for using generative AI tools)，详细阐述了在教学和评估场景中应用生成式 AI 的方法和要求，其目标是实现对 GenAI 的批判性、反思性、透明性和负责任地使用。日本早稻田大学发布的《关于生成式人工智能的使用》[About the Use of Generative Artificial Intelligence (ChatGPT, etc.)]，阐明了对待生成式人工智能的基本态度，并说明了生成式人工智能的特征、用途和局限性，强调要充分了解新技术的多面影响，扩大积极影响、遏制消极影响。美国密歇根大学的《U-M 学生生成式人工智能指南》、美国巴纳德学院的《生成式人工智能学生指南》(Student Guide to Generative AI)、美国圣克拉拉大学的《在校园内合乎道德地使用生成式 AI 的指南》[Guldelines for the Ethical Use of Generative AI (i.e. ChatGPT) on Campus]、中国香港理工大学的《生成式人工智能(GenAI)学生使用指南》、中国香港科技大学的《生成式人工智能与教育》、中国上海交通大学的《生成式人工智能教师使用指南》、中国西南交通大学的《生成式 AI 写作指南》、中国华东师范大学的《生成式人工智能学生使用指南》等，纷纷发布相关应用指南，以帮助教师和学生规范、科学地使用生成式人工智能。

总之，国际组织、各国政府和教育行政部门以及大学的政策与文件规定，普遍强调了 LLM 在教育领域的潜力，推动了教育模式的创新和变革。这些工作在一定程度上规范了 AI 的技术应用，为 LLM 在教育中的应用提供了明确的规范和指导，帮助教育机构规避潜在风险，如隐私保护、数据安全和伦理问题。与此同时，强调了教师在教育数字化转型中的重要性，推动了教师数字化能力的提升，为 LLM 技术的有效应用提供了保障。这些政策文件的发布，同样有助于引导社会对 LLM 技术的正确认知，避免过度恐慌或盲目乐观，促进技术的健康发展。

大模型的教育应用场景

诸多大型语言模型已广泛应用于中小学教育，例如，个性化辅导、自动评分、语言学习和教育聊天机器人等方面，其技术潜力在于提升学生的学习效果、赋能教师，以及实现个性化和可扩展的教育。显然，2022 年 11 月以来，ChatGPT、Claude、文心一言、讯飞星火，包括近期爆发的 DeepSeek 等模型，被集成到多种教育工具中，广泛应用于个性化学习、智能辅导、教学辅助、学习分析等多个教育场景。例如，个性化辅导：大模型可以与学生进行一对一对话，解答问题、解释概念并提供定制化反馈；写作辅助：像 Grammarly 这样的工具使用基于 GPT 的模型提供语法修正、风格改进建议和抄袭检测；语言学习：GPT 模型被用于语言学习应用，生成习题、回答语言相关问题，并提供对话模拟练习。

个性化辅导：LLM 已经被集成到个性化辅导平台中，为学生提供实时帮助。这些系统通过提供定制化反馈、解答问题和引导学生学习材料来支持个性化学习。Khan Academy 与 OpenAI 合作，将 GPT 模型集成到其 Khanmigo 辅导系统中，帮助学生解答各类学科问题并提供实时反馈。Google 的 Socratic 利用 AI 技术帮助学生解决数学、科学、历史和英语等学科的难题。学生可以拍照上传作业（学生作业或问题扫描），Socratic 提供逐步的具体解决方案与步骤，帮助学生理解并解决问题。一些教育科技公司开始开发基于 LLM 的虚拟实验室和沉浸式学习环境。Labster 利用 LLM 技术创建的虚拟实验室，让学生在虚拟环境中进行科学实验，增强实践能力，从而在丰富教学方法与手段的同时，使学生在互动中拥有更加生动的学习体验。

自动化作文评分与反馈：LLMs 可以协助评分和提供书面作业的反馈。Turnitin 使用先进的自然语言处理和机器学习模型（类似于 GPT）对作文进行评分并检测抄袭，提供学生写作的自动反馈，它帮助教育者批改论文、检测抄袭并提出写作改进建议。Grammarly 基于 GPT 模型提供语法、风格和语气的改进建议，帮助学生不断提高写作水平。这些系统不仅节省了教师的时间，还能为学生提供即时反馈，促进更加持续的学习过程。

语言学习辅助：LLMs 在语言学习中得到了广泛应用，它们通过互动对话和练习帮助学生提高听说读写能力。Duolingo 是全球最受欢迎的语言学习平台之一，利用 LLM 生成适应学习者能力水平的练习。这种方法不仅提供互动练习，还能即时纠正错误，促进语言学习的参与感和高效性。Microsoft 通过其 Azure OpenAI 服务将 GPT 模型集成到教育工具中，提供开发者访问 LLM 的能力。学校和教育科技公司利用这些模型创建个性化学习体验、语言练习工具和自动评分系统。Microsoft 的 Teams for Education 集成了 AI 功能，如智能助手、语言翻译和自动生成摘要，来支持学生和教师。

对话与理解：许多发达国家的学校已经使用 LLM 作为聊天机器人，增强学习体验并快速、准确地回应学生的提问。这些聊天机器人通常集成在学习管理系统（Learning Management System，LMS）中，帮助学生解决数学和科学等学科的复杂问题，分解难懂的概念以增进学生的理解，促进互动学习、解答学生疑问、辅导作业，并为教师提供教育资源。IBM 的沃森教育课堂（Watson Education Classroom）已经在 K-12 教育环境中得到广泛应用，支持个性化学习。该 AI 聊天机器人充当辅导员，回答学生问题并提供额外的学习资源，帮助弥补课堂教学和独立学习之间的空白。沃森教育课堂通过个性化学习体验将教育带入认知时代。理解、推理和学习的认知解决方案帮助教育工作者深入了解每个学生的学习风格、偏好和才能。大模型在教育聊天机器人、虚拟辅导和研究应用中具有很大的潜力，可以用于学生支持，解答学术问题，并提供帮助解释复杂概念的功能，提升学生的学习效果。

学术研究：Meta 的 LLaMA 模型是一个开放权重的语言模型，旨在用于各种领域的研究和应用，包括教育领域。

教师专业发展支持：LLMs 还支持教育工作者，通过提供专业发展工具，帮助教师改善课程设计、课堂管理和教学策略。TeacherBot 是英国剑桥大学的研究人员开发的聊天机器人，以帮助教师改进教学策略，提出课程建议、推荐资源，并提供实时的课堂管理建议。

辅助有特殊需求的学生：LLMs 还可以帮助有特殊需求的学生，使他们能够更好地接触到课程内容并有效沟通。Microsoft 的 Seeing AI 通过 AI 技术辅助视障学生，实时描述物体、文本和人。在教育领域，它帮助视障学生阅读书籍和访问课堂材料。

近年来，国产大语言模型如雨后春笋般喷薄而出，在中小学教育领域的应用逐渐成熟，许多公司和机构开发了在智能辅导、个性化学习、语言学习、作业批改和教师支持等领域各有特点和优势、符合不同教育需求的模型，推动了个性化学习、在线辅导、智能评估等方面的创新。国产大语言模型正以各自的优势使其在中小学教育中的应用不断深化，百度的文心一言、华为的昇思、阿里的通义千问、讯飞的星火等模型，在对中文理解和知识增强能力、跨平台支持和多模态能力、语音识别、大数据和知识图谱方面各有千秋，而横空出世的 DeepSeek 又可能将大模型的教育应用推向新的高度。

国产大模型 DeepSeek 引发 AI 教育应用热潮

2025 年 1 月 20 日，国产大模型 DeepSeek‑R1 正式发布并开源模型权重，以性能卓越（DeepSeek‑V3 在知识类任务上水平提升，接近 Claude‑3.5；在数学、代码和推理任务上可与 OpenAI‑o1 媲美）、训练成本低（DeepSeek‑V3 预训练仅使用 2048 块 GPU 训练 2 个月，花费 557.6 万美元，远低于 GPT‑4 等大模型）、功能多样（能实现语义分析、计算推理、问答对话、篇章生成、代码编写）等优势，震动了整个业界。DeepSeek 上线以来，凭借强大的功能和创新的应用场景，其用户数量呈现爆炸式增长。虽然正值农历春节假日，DeepSeek 引发的人工智能教育应用热潮却如火如荼。

与其他教育类大模型相比，DeepSeek 具有以下独特优势。（一）准确性高：网易有道的数据显示，DeepSeek 在有道 K‑12 测试集上的准确度达 88%，领先于 OpenAI‑o1 mini、GPT‑4o 以及网易有道自主研发的推理模型"子曰‑O1"，能为学生提供更准确的知识和解答。（二）推理能力强：DeepSeek‑R1 展现出较强的推理能力，具备复杂问题处理、多步骤逻辑推导和上下文关联分析的能力，使其在教育辅导等需要严格逻辑支撑的场景中具有更高的实用价值。比如在解决数学难题、分析复杂的文科问题时，能展现深度思考的过程，帮助学生学会主动思考。（三）训练与推理速度快：通过分布式训练和优化算法，显著提升了训练效率，可在更短时间内完成模型的训练。在推理阶段，又通过模型压缩和加速技术，实现了更快的推理速度，适合实时应用场景，如在线实时答疑、智能辅导等，能及时响应用户需求，提供快速准确的解答。（四）数据处理快：能够高效处理大规模数据集，支持文本、图像、音频等多种数据格式，并在数据清洗、预处理和特征提取方面表现优异，这使得它在处理丰富多样的教育资源，如多媒体教学资料、学生学习行为数据等方面具有很大优势，能更好地为教学提供支持。此外，因开源而降低技术门槛，推动全球开发者自由探索与创新，能加速开放、共创与快速迭代的"人工智能＋教育"生态建设，开发者可以基于其开源代码进行二次开发，为教育应用带来更多的创新可能性。

DeepSeek 引发的人工智能教育应用热潮，吸引诸多教育机构纷纷在自己开发的教育系统中接入 DeepSeek。2025 年 2 月以来，学而思、网易有道、中公教育、希沃、小猿、高途等头部教育机构密集宣布接入 DeepSeek 大模型。网易有道于 2 月 6 日宣布其 AI 全科学习助手"有道小 P"结合 DeepSeek‑R1 优化个性化答疑功能，旗下 Hi Echo、有道智云、QAnything 等产品也将全面接入；云学堂、科大讯飞、弈小象、读书郎、佳发教育、优学派等数十家教育企业公开表示在各自产品中接入 DeepSeek。学而思"随时问"App 深度融合 DeepSeek R1，能够实时判断题目对应的学科、年级和考查范围，精准匹配该年级的知识范畴和解题方法，让孩子获得能看懂、真有用的解答，集成了 AI 问答、拍照答疑、作业检查、作文批改、错题本等学习工具，为中小学生提供苏格拉底式启发学习模式，支持题目分步解析、无限追问和智能错题管理，直接接入 DeepSeek R1 的问答功能，学生可一键启用"深度思考"模式，询问学习问题或交流个人思考。优必选教育的行知格物 AI 智慧教育云平台接入 DeepSeek 后，编程作业批改准确率达 98.6%，同时还能提供代码优化建议。

如今，DeepSeek 在应用商店下载量屡创新高，相关话题频频登上社交媒体热搜，成为当之无愧的"顶流"，其对教育真正的价值，是迅速推进了大模型在公众中的真正普及，中国教师群体在这场全民 DeepSeek 风暴中见识到了 AI 的强大，部分乡村教师也开始积极使用通用 AI 工具提升工作效率，这种影响力远超"国培计划"等教师培训体系数年的培训成果，中国教师已步入"未来教育"的殿堂。

以人为本的 AI 教育应用：启迪思维，引领创造

当我们关注大模型如何给教师和学习者带来诸多方便的时候，也有人开始担忧 AI 代替人的思维与学习，是否会造成人的智能荒废。在 ChatGPT、DeepSeek 等 AI 工具引发的 AI 热之后，我们的确需要思考：在教育场域中，AI 究竟在做些什么？在这场 AI 热中，我们看到，AI 陪伴产品使儿童在识字前即可通过语音交互创作超长绘本或电影。未来可能会有新的 AI 产品出现，6 岁儿童借助 AI 生成器完成包含角色设定、情节冲突的"数字动画"，其复杂度远超成人传统作品。这种"无门槛创作"可能催生新一代"数字原住民"，其创新力不再受限于语言或技能储备。由此，我们看到的是儿童创造力的释放，大模型所引发的，不是教育的重构，而是学习的重构！

为此，我们的确需要认真地思考 AI 究竟是什么，在人类的学习尤其是儿童的学习与成长过程中，AI 究竟发挥怎样的作用，扮演怎样的角色。我们看到，所谓的生成式人工智能只是一种基于深度学习和大规模数据预训练的模型，能够基于输入条件生成文本、图像、代码、视频等数字作品，它并非万能，也不是解决教育问题的终极方案，我们必须审慎地审视 AI 在教学中的适用场景与边界。诚然，AI 早已成为数字工具生态的一部分，已经嵌入搜索引擎、写作辅助工具、软件编码、艺术创作等各种教育软件系统中，无论是教师还是学生，都已难以彻底规避。但 AI 是教学和学习的辅助工具、增强工具，不能取代教师的指导、反馈和课堂管理，AI不能取代高素质教师的育人活动。AI可以帮助学生学习，帮助学生开阔视野，启迪思维，但不能代替学生思考和创造，不是学生学习和成长的替代品。当然，我们同时也要注意到，任何AI系统（确切地讲是AI系统背后的人类团队）都有各自的价值观、目标与利益相关，也都有自身不可避免的偏见和局限性，所有这些元素都会通过算法和训练数据影响AI的输出。

2024年1月，美国华盛顿公共教育督导办公室（Washington Office of Superintendent of Public Instruction，OSPI）发布《以人为本的AI：K-12公立学校指南》（*Human-Centered AI: Guidance for K-12 Public Schools*）报告[1]，构建了一整套基于"人-AI-人"（"Human-AI-Human"，"H-AI-H"）模式的"以人为本"（Human-Centered）的教学框架。该框架依循人类探究（Human Inquiry）、AI赋能（AI Use）和人类反思（Human Reflection）的模式展开，在学习过程中，先由教师或学生提出问题，进行深度思考，再让AI参与到学习过程中来，借助AI的辅助，提供信息、优化学习方案等，最后仍然由学习者进行最终的判断、编辑和总结。报告给出了"提高写作水平"（Writing Enhancement）、"STEAM教育"（STEAM Education）和"科学探索"（Science Exploration）三个方面的示例（表1），值得我们教育工作者参考。

表1 基于"人-AI-人"的"以人为本"AI教育应用框架

"H-AI-H"应用框架		AI应用示例		
		提高写作水平（Writing Enhancement）	STEAM教育（STEAM Education）	科学探索（Science Exploration）
人类探究（Human Inquiry）	由教师或学生提出问题，进行深度思考。	一位初中英语教师希望提升学生写作能力，帮助他们扩展词汇量。	一位科学教师希望向小学生介绍因果关系、序列和模式等复杂概念。	一位三年级科学教师希望让学生更容易理解水循环等复杂概念。

1　OSPI（Washington Office of Superintendent of Public Instruction），*Human-Centered AI: Guidance for K-12 Public Schools*［EB/OL］.（2024-01-18）［2025-02-12］. https://ospi.k12.wa.us/sites/default/files/2024-01/human-centered-ai-guidance-k-12-public-schools.pdf.

续表

"H-AI-H"应用框架	AI应用示例		
	提高写作水平（Writing Enhancement）	STEAM教育（STEAM Education）	科学探索（Science Exploration）
AI赋能（AI Use） 让AI进行辅助，如提供信息、优化学习方案等。	学生使用AI写作工具检查语法、优化风格，并获得词汇建议。	课堂融入AI互动游戏和可视化工具，帮助学生直观理解科学原理。	教师使用人工智能驱动的虚拟现实（VR）模拟，让学生在沉浸式环境中探索水循环。人工智能根据学生的互动和理解调整模拟的复杂性。
人类反思（Human Reflection） 由人类进行最终的判断、编辑和总结。	教师引导学生批判性地评估AI反馈，讨论AI推荐某些修改的合理性，并决定哪些建议值得实施。学生在此过程中思考AI是如何提升写作能力的，并识别自身需要进一步改进的地方。	学生在体验AI辅助的互动活动后，与同学和教师讨论自己的观察结果和见解，并尝试将所学知识应用到现实生活场景中。	在VR体验之后，学生分组创建水循环的物理模型，应用他们在模拟中学到的知识。教师引导讨论水循环在现实世界中的应用，鼓励学生在虚拟世界和物理世界之间建立联系。

由此，根据课堂教学中应用AI的程度，划分出不同层级的AI教育应用水平：

层级一　无AI辅助：任何时间点都没有使用任何AI工具，学生完全依靠他们自己的知识和技能。

层级二　AI辅助头脑风暴：借助AI工具的帮助生成想法。最终内容必须由学生在没有直接人工智能输入的情况下创建。必须注明AI辅助。

层级三　AI辅助完成草稿：AI可以帮助起草初始版本。最终版本必须由学生做显著修改。明确区分AI与学生贡献。

层级四　AI协作创作：所完成的作品包含人工智能生成的内容。学生批判性地评估和编辑AI的贡献。AI的贡献须透明并注明。

层级五　AI作为共同创作者：在内容创作中广泛使用AI。学生提供使用AI的理由，并确保原创思想。明确区分AI与学生的贡献。

由此，在具体的教与学的过程中，我们必须尝试区分哪些教与学的场景是倡导学生使用 AI 的，哪些是允许使用的，哪些是完全禁止的。对于那些需要学生完全独立完成的学习任务，如数学考试、中英文写作等，应禁止学生使用 AI 帮助其完成任务；而当面临撰写研究论文、展开共同讨论的学习任务时，在经教师允许的情况下，允许学生借助 AI 辅助完成任务，如历史学习，学生可以借助 AI 检索各种文献资料，完成课程论文的写作，但需要注明 AI 的贡献；在需要头脑风暴、个性化学习的过程中，则要鼓励学生使用 AI，由 AI 生成定制化的学习任务，帮助不同水平的学生以不同的速度学习不同程度的学习内容，通过此过程，引导学生对基于 AI 参与的学习过程与结果进行反思。

从根本上讲，在教育领域应用大模型等人工智能技术，重要的不是让学生单纯运用 AI 完成具体的作业任务，而是借助 AI 帮助学生开阔视野、启迪思维、提高学习能力和综合素养。AI 可以帮助学生开阔视野：对于历史学习，不是仅仅依靠 AI 快速生成简单结论，而是引导学生通过阅读不同历史学家对于同一历史事件的多元解读著作和研究报告，帮助学生了解到更多关于某一国家在某一历史时期复杂的社会、政治、经济状况，从而拓宽自己对某一历史事件的认知边界；在地理学习中，学生可以通过观看世界各地的地理纪录片、浏览专业地理网站上的实地考察报告等方式，直观地深入了解不同地区的生物多样性、独特的生态系统等自然风貌、住民的生活方式、社会历史人文特色，由此极大地开阔视野，让他们对世界有更全面、更真实的认识；在语文写作学习中，不是依靠越来越精致的提示词让 AI 帮助自己直接完成命题作文，而是通过 AI 给出不同的学习资源和不同的构思路径，激发思维，以独特的思考和创意完成写作；在科学实验探究过程中，不是让 AI 直接给出实验结论，而是让学生在 AI 的帮助下自主设计实验方案、进行实验操作，遇到问题时不断调整实验方案，进而通过实际操作和观察分析实验结果，从而不仅能够更深入地理解科学原理，还能培养解决问题的思维能力，真正体验科学探究的过程与乐趣。

应时之需的"面向大模型的未来教师实务手册"丛书

作为一位教育技术学研究者，陈向东教授始终保持着敏锐的学术敏感性，紧跟当代人工智能发展前沿，并注重人工智能在中小学教育中的创新性应用实践。早在 ChatGPT 产生之初，他就预见到大模型对于未来教育的冲击，并于 2023 年年中领衔完成《大型语言模型的教育应用》研究报告，作为中国人工智能学会"中国人工智能系列白皮书"之一发布并出版。而今，他又针对中小学一线教师的需求，邀请我共同策划这套"面向大模型的未来教师实务手册"丛书。如前所述，国内外大模型层出不穷,同一模型持续迭代,而且,可借助大模型辅助解决的中小学教育改革发展的"问题"同样纷繁复杂,因此,本丛书设定为一个开放的系统,成熟一本,出版一本。首批图书包括"教师的循证实践""教师的科研实务""中小学校管理实务"三本,后续还将陆续推出"中小学人工智能教学""面向新课标的跨学科教学设计""面向新课标的中小学英语教学""面向新课标的数学教学"等主题。

《教师的循证实践——基于 AI 大模型的方法》(陈向东等),不仅将大模型作为知识发现和教育规律分析的工具,更将其作为推动知识转化的核心力量。全书在构建基于大模型的循证实践流程的基础上,探讨了如何借助 ChatGPT 等大模型识别和确定问题、检索与筛选证据、证据评估与元分析、证据转化、循证项目的实践与评估、项目的监测与诊断,以及利用大模型辅助循证教学案例报告生成,从而使一线教师的循证实践能够在大模型的支持下在更高层次上得到推进,提高教育证据的转化效率和教学方案的精准度。《教师的科研实务——基于 AI 大模型的方法》(高丹丹),采用"理论+实践+案例"的递进模式,围绕一线教师在教育科研中实际应用 ChatGPT 等大模型的需求,从应用大模型进行教育科研的"人机知识共创"特征出发,探讨了如何利用大模型高效选题、开展文献检索与分析、撰写研究现状以及设计研究等具体步骤,以及大模型在案例研究、行动研究、调查研究和准实验研究等具体场景的应用。《中小学校管理实务——基于 AI 大模型的方法》(陈兴冶),围绕教育管理者在实践中遇到的真实问题展开,探讨了以 ChatGPT 为代表的生成式人工智能工具在中小学校管理中的应用,通过大量的案例分析和实操方法,帮助中小学校管理者理解并掌握如何利用 ChatGPT 等工具,在教学方面提升管理效能、优化教师发展、促进学生成长,并改善后勤管理。

需要说明的是,丛书中不同分册使用的大模型各有侧重,甚至同一本书中案例也未必完全统一,但各位作者所介绍的方法同样适用于 ChatGPT、Claude、DeepSeek、豆包、Gemini 等中外各种大型语言模型,相关技术与方法的核心在于如何有效地运用 AI 技术支持教育教学改进与创新,而不局限于特定的模型或平台。

生成式人工智能,已是千帆竞发,万舸争流,必将带来一场学习与教育的革命。愿我们每一位教师都能勇立潮头,在与人工智能共生共存共发展的进程中,体验不一样的未来教育生活。

前　言

ChatGPT 等大语言模型的兴起，标志着人工智能技术正在以前所未有的深度和广度介入我们的生活和工作方式。在教育领域，ChatGPT 这类具有人机互动功能的工具为教育教学和教师科研带来了新机遇，同时也为传统教学和科研模式带来了巨大挑战。尤其是对广大中小学教师而言，面对这种带有颠覆性创新性质的教育技术应用，是采取墨守成规的传统守护者姿态，还是以多样、开放、包容的创新主体姿态主动进入 ChatGPT 应用场景，将成为决定能否被未来教育接纳的一个分水岭。

开展教育科研工作，对于提升教育教学质量、推动教育改革创新、促进教师专业发展具有重要意义。长期以来，中小学教师在开展科研过程中仍面临诸多困境，例如，科研方法缺乏规范性、研究思路缺乏虚拟场景检验、数据处理和分析工具的欠缺等，导致科研劳动的投入与科研成果的应用效果不成比例，以及低水平重复等问题。ChatGPT 等大语言模型的出现，为中小学教师开展教育科研提供了新的思路和方法。这些模型强大的语言理解和生成能力，可以在研究选题、文献综述、数据分析、论文写作等科研环节为教师提供智能化辅助，帮助教师快速梳理研究思路、辅助分析文献与生成综述、智能分析研究数据、协助撰写学术论文等，从而大大提升科研效率和成果质量。教师可以利用 ChatGPT 等工具拓展研究视野，深度挖掘研究主题，以合理的"人机分工"方式产出创新性研究成果。通过与 ChatGPT 的人机互动，中小学教师可以进一步提升科研能力和效率，总结提炼教学经验，即时反馈教学实践。

本书正是为了帮助广大中小学教师在 AI 时代更好地开展教育科研工作，利用 ChatGPT 等大语言模型工具辅助研究而编写的。书中以 ChatGPT 的应用为例，围绕教师教育科研的主要内容，结构化分析中小学教育科研选题与研究问题、文献分析与综述、研究设计与研究方法、数据收集与分析、成果撰写的基本理论和原则，帮助教师夯实科研基础，掌握规范的研究流程和方法；同时，聚焦 ChatGPT 在教师科研过程中的应用，从理解应用到学会应用，通过案例详细拆解方法的实际应用流程。案例贴近中小学教育教学实践，通俗易懂，可操作性强，为教师开展科研提供可资借鉴的实务操作流程。

本书的出版，旨在为广大中小学教师搭建一座连通教育科研与人工智能的桥梁，帮助教师学习掌握扎实的科研理论与方法，切实提高教育科研水平，迈出运用ChatGPT等智能工具开展科研的第一步。相信在人工智能日益广泛应用的时代，教师作为知识传承与创造的群体，必将在机器学习的助力下，最大程度地发挥自身主观能动性和创造力，在利用人工智能的同时，彰显人脑的独特优势。面对日新月异的信息技术，教师既要掌握前沿科研工具，站立教育创新潮头，又要坚守教育者的初心，避免人工智能工具的过度使用而陷入"内卷"怪圈。希望本书能为广大教师认知和运用作为新质生产力的ChatGPT等智能工具提供方法论和实用指南，为构建人工智能时代背景下的教师教育科研新生态，推动教育高质量发展贡献绵薄之力。

目 录

第一章
AI 大模型的教育科研应用概述 　　1

1.1 大语言模型在教育科研中的应用 　　3
1.2 ChatGPT 重塑教师科研模式 　　7
1.3 教育科研提示语应用技巧 　　9

第二章
AI 大模型在科研选题中的应用 　　17

2.1 一线教师的选题 　　19
2.2 确定选题的步骤 　　22
2.3 ChatGPT 辅助选题的方法 　　28

第三章
AI 大模型在文献检索、分析和研究现状撰写中的应用 　　41

3.1 文献检索与分析 　　43
3.2 研究现状的撰写 　　50
3.3 ChatGPT 辅助文献检索、分析和研究现状撰写的方法 　　55

第四章
AI 大模型在研究设计中的应用 　　65

4.1 研究设计的基本要素 　　67

4.2 研究设计的步骤　　　　　　　　　　　　　　　　68

4.3 ChatGPT 辅助研究设计的方法　　　　　　　　　73

第五章
AI 大模型在案例研究中的应用　　　　　　　　　　　81

5.1 案例研究概述　　　　　　　　　　　　　　　　83

5.2 案例研究的实施步骤　　　　　　　　　　　　　86

5.3 ChatGPT 辅助案例研究的方法　　　　　　　　　91

第六章
AI 大模型在行动研究中的应用　　　　　　　　　　101

6.1 行动研究概述　　　　　　　　　　　　　　　　103

6.2 行动研究的实施步骤　　　　　　　　　　　　　105

6.3 ChatGPT 辅助行动研究的方法　　　　　　　　　108

第七章
AI 大模型在调查研究中的应用　　　　　　　　　　121

7.1 调查研究概述　　　　　　　　　　　　　　　　123

7.2 调查研究的实施步骤　　　　　　　　　　　　　125

7.3 ChatGPT 辅助调查研究的方法　　　　　　　　　128

第八章
AI 大模型在准实验研究中的应用　　　　　　　　　147

8.1 准实验研究概述　　　　　　　　　　　　　　　149

8.2 准实验研究的实施步骤　　　　　　　　　　　　152

8.3 ChatGPT 辅助准实验研究的方法　　　　　　　　156

第九章
ChatGPT 在论文写作中的应用案例   169

9.1 用 ChatGPT 确定论文题目   171
9.2 用 ChatGPT 搭建论文框架   177
9.3 用 ChatGPT 描述研究背景   181
9.4 用 ChatGPT 撰写文献综述   183
9.5 用 ChatGPT 优化模式设计   194
9.6 用 ChatGPT 分析研究数据   198
9.7 用 ChatGPT 修改完善论文   200

第一章

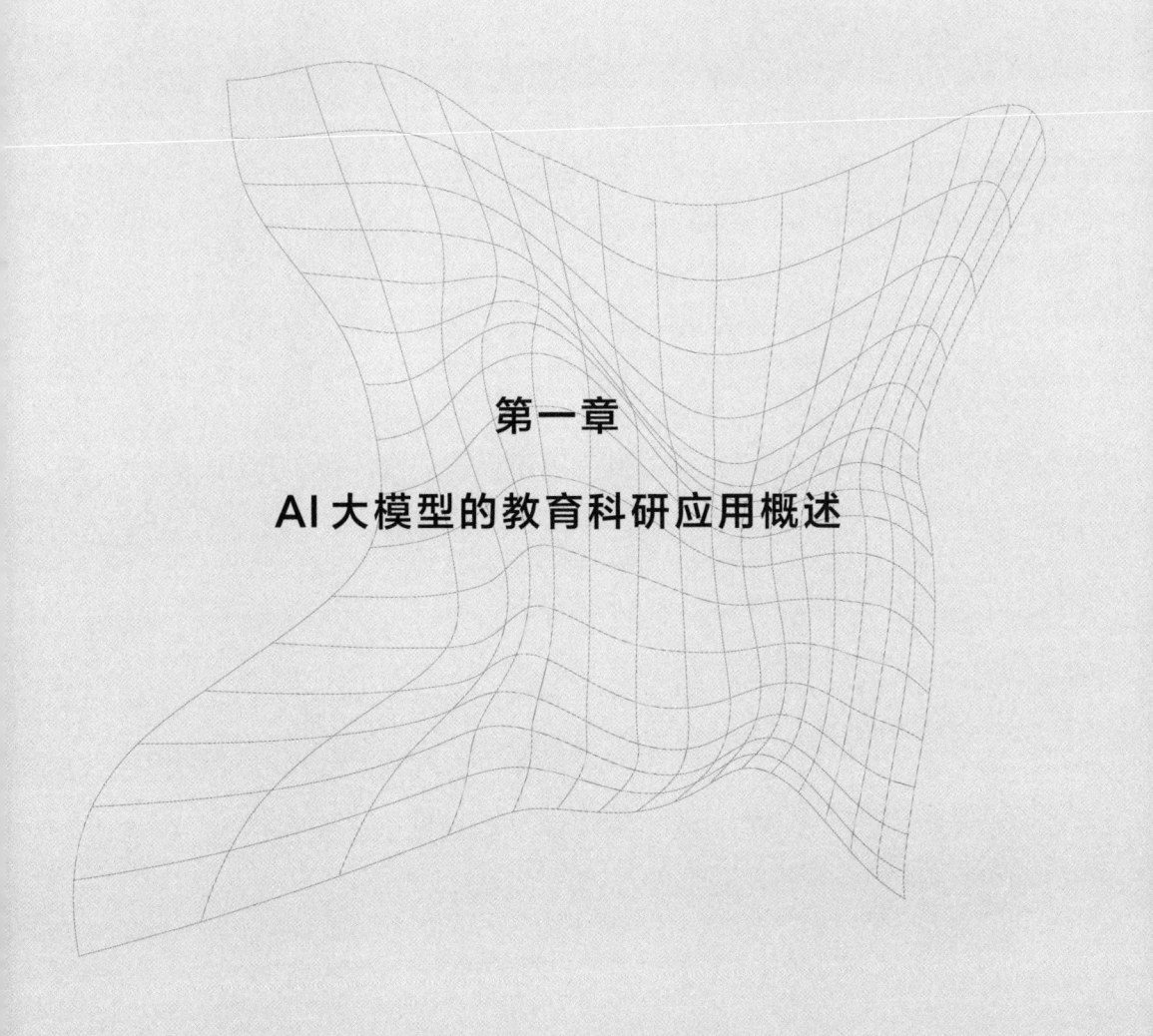

AI 大模型的教育科研应用概述

ChatGPT 等大语言模型的出现，为中小学教师开展教育科研提供了全新的工具和方法，也为优化科研过程开辟了新的途径。这些工具不仅能够理解和生成自然语言，而且展现出解决复杂问题的能力以及在创造性工作中的辅助潜力，在许多创造性工作中发挥了强大的辅助作用。

本章将从教育科研的视角，深入解读大语言模型在教育科研中的应用原理，探讨教育科研提示语的应用技巧，并介绍教师如何有效地利用 ChatGPT 来开展研究。

1.1 大语言模型在教育科研中的应用

在中小学教育研究领域，大语言模型凭借其强大的知识处理和语言生成能力，为教师的科研工作开创了一种全新的人机协作模式，体现了"人机知识共创"的特征和分布式认知理论的创新应用。

1.1.1 ChatGPT 的"人机知识共创"特征

ChatGPT 的"人机知识共创"特征主要体现在三个方面：一是教师与生成式 AI 的双向交流和互动实现了交互式的知识构建；二是通过持续反馈和调整，促进了知识的迭代优化和螺旋式提升；三是 AI 的信息处理能力与教师的专业经验相辅相成，有效提升了研究的效率与质量。

（1）交互式知识构建

传统的知识生产往往是线性的、单向的，而教师与 ChatGPT 的互动则体现了多维度、非线性的知识构建方式。在这种动态交互的过程中，教师提出问题，ChatGPT 基于其庞大的数据库和算法模型，提供与自然语言相近的信息、建议和多种可能的解决方案。教师结合自身的专业知识和实际需求，对这些信息进行评估、筛选和整合，最终形成新的知识。在这一过程中，ChatGPT 不再只是一个"知识存储库",而成为了教师的"知识助手"。

在整个互动过程中,主导地位始终掌握在教师手中。教师将ChatGPT提供的信息进行加工、理解并最终转化为有意义的知识。同时,通过这种持续的互动,教师可以不断反思和调整自己的想法,更深入地理解问题,有时甚至会受到大模型的启发,激发出新的思路和灵感。在这种持续的互动中,通过教师不断优化输入提示语和关键词,ChatGPT能够逐渐贴近教师的需求,提供更有效的建议。这种交互式的知识构建,不仅极大地提高了知识生产的效率,也拓展了知识的深度和广度。

(2) 知识的迭代优化

在人工智能时代,知识的优化过程表现为一种螺旋式的上升,即教师和人工智能通过不断的互动共同推进知识的发展和提升。一方面,教师可以对ChatGPT提供的信息进行评价、补充和质疑,从而引导ChatGPT不断调整输出,使其更符合研究需求。教师可以基于自身的专业判断识别内容中的不准确之处,并通过个性化的反馈来修正或进一步深化特定领域的知识。在这一过程中,教师不再只是信息的接受者,而是主动参与者,对知识内容施加影响,从而实现"教"与"学"的双向强化。另一方面,ChatGPT提供的新视角、丰富的知识和方法的详细指导,也能够启发教师创新思维并调整研究方向。例如,ChatGPT可以为教师提供跨学科的参考信息,帮助教师从不同的学科视角看待研究问题,进而拓展研究的广度和深度。通过提供多样化的问题解决策略和详细的步骤指导,ChatGPT还可以帮助教师更好地设计和实施实验,克服以往教学科研中的局限性,推进研究的进展。在这种持续的人机互动与优化过程中,新知识和新洞见不断涌现,知识的质量与深度也逐步得到提升。

(3) 人机优势互补

ChatGPT的应用并非要取代教师,而是要成为教师的得力助手,协助教师更高效地开展教育科研,形成人机优势互补:一方面,ChatGPT凭借强大的信息处理和生成能力,能够快速处理海量数据、提取关键信息、生成文本,帮助教师节省大量花在资料查找、整理和模式化写作上的时间。这意味着教师可以从繁杂的重复性工作中解放出来,将精力更多地集中在教育科研的创新和高层次分析上。特别是在研究初期,教师通常需要阅读大量文献、整理背景材料,ChatGPT可以在短时间内提供文献综述、提炼关键信息,帮助教师建立系统的知识框架,使科研工作更加高效且井然有序。另一方面,教师则依托他们深厚的专业知识和丰富的教学经验,对ChatGPT提供的信息进行筛选、评估与补充,确保输出内容的准确性和适用性。教师能够敏锐地判断 AI 生成内容中的合理性，识别出潜在的偏差和不足，进行必要的修正与补充。更重要的是，教师在科研过程中能够提出独具创造性的问题，设计符合教育情境的研究方案，并对研究结果进行深刻的解释和反思。这些是 AI 目前难以独立完成的任务，因为它们涉及对教育环境、学生背景以及学科发展动态的深刻理解和灵活运用，而这些正是教师作为科研引领者的核心价值所在。这种优势互补的协作模式打破了"人"与"机器"的二元对立，实现了"人机共创"的知识生成新范式。

1.1.2　ChatGPT 与分布式认知理论

分布式认知理论由 EdwinHutchins 提出，他通过对船舶导航团队的研究，探讨了认知是如何在真实世界情境中分布于个体、工具和环境之间的。这一理论为我们理解人与生成式人工智能之间的互动与内容共创提供了独特的视角。分布式认知理论强调，认知过程具有社会性、情境性、具身性和媒介性特征，认知并不只是发生在个人的大脑中，而是存在于个体、他人、人工制品和环境之间的动态交互过程中。

在这一理论框架下，ChatGPT 可以被视为一种新型的"人工制品"，它与教师共同构成了一个分布式认知系统。在这个系统中，教师可以利用 ChatGPT 强大的信息处理和内容生成能力，快速获取灵感、创造内容，同时运用自己的专业经验和判断力对 AI 提供的输出进行优化。这种人机协作模式既拓展了人类的认知能力，也为人机共同创造内容、共享知识提供了新的可能。基于分布式认知的视角，我们可以更深入地理解人与 AI 之间复杂的互动关系，以及这种互动对教师认知过程的影响。

（1）人工智能作为人的认知伙伴

生成式 AI 已经不再只是一个简单的工具，而是成为了教师科研工作中的认知"伙伴"，二者协力完成研究任务。在这种协作中，ChatGPT 不再只是被动执行指令的工具，更是能够主动提供多元思路、激发创意灵感的协作者。教师和人工智能的优势互为补充，教师专注于把控研究方向、判断价值和创新整合，ChatGPT 则负责快速检索、文献分析、资料整理、提供研究思路、生成研究框架及文本优化等重复性工作。这种人机之间的认知协作既提升了研究效率，也拓展了教师的认知边界。

（2）人机互动的动态认知分工

在人机协作中，分工并不是固定不变的，而是可以根据任务的需求动态地调整。在内容共创的不同阶段，人和人工智能系统可以交替扮演"主导者"和"辅助者"

的角色。教师可以专注于创意构思、情感表达和高级决策，而将繁琐的细节处理、内容分析或初稿的生成交由人工智能来完成。

这种动态的分工方式让人和 AI 在协作中发挥各自的长处。教师对 AI 生成的内容进行筛选和反馈，有助于优化 AI 的生成效果；与此同时，AI 能够基于教师的指引不断适应和学习，以更贴近教师的风格和需求。对于需要常识推理、情感理解、艺术感知等涉及高级认知的任务，通常更适合由教师主导；而对于文献整理、数据分析、风格迁移等重复性、计算密集型的任务，则可以交由人工智能系统来处理。

(3) 人工智能输出品作为认知中介

人工智能的产出，例如，生成的图像、文本或代码，扮演着认知中介的角色。这些产出并不是创作的最终成果，而是教师理解、反思，并进一步创作的起点和素材。教师可以通过与这些"认知化"的人工产物进行互动，激发新的想法，调整思路，甚至重新规划教学和科研的方向。

在这个过程中，人工智能的输出品成为了教师思考和创作的桥梁。它帮助教师以更直观、系统的方式理解复杂的信息，迅速获得灵感，使得原本复杂的研究或教学任务变得更加可行。通过与这些人工智能生成的材料的交互，教师能够更快地发现问题的关键点，并利用这些产出进行再加工、再创作，从而生成更加符合教学实际和学生需求的内容。此外，这些人工智能生成的产物还能起到促进思维对话的作用。教师与这些内容的互动可以触发更深层次的反思，例如，重新评估某个教学策略的有效性，或者更深入地考虑学生可能的反应和需求。

(4) 社会文化语境对协创内容有调节作用

分布式认知理论强调了社会文化对认知的深刻影响。在教师与人工智能的协作中，人与 AI 的互动并不是在真空中进行的，而是嵌入在特定的社会文化背景之下，并受到社会文化规范、伦理标准和价值观的影响。这些文化因素会对人机互动产生显著的调节作用。

当教师与 ChatGPT 等人工智能系统协作进行创作时，人工智能提供的反馈与建议不仅取决于算法和数据，还受到训练数据所反映的社会文化语境的影响。这意味着，AI 的输出可能包含某些文化中的特定价值观、伦理立场，或者某种特定背景的偏好。这些反馈会对教师的创作和研究方向产生一定的引导作用，影响最终的内容和成果。这也要求教师在与 AI 互动时，应保持对社会文化因素的敏感性，并具备批判性的视角，审视 AI 提供的信息是否符合其所处的教育语境及伦理要求。

社会文化语境也在教师的决策中起到重要的作用。在与 AI 协作的过程中，教师需要结合所在地区的文化特点、学生的实际情况以及学校的教育目标，判断哪些建议是合适的，哪些需要筛选和调整。这种审慎的态度有助于确保人机协作的内容既具有创新性，又符合社会文化的要求和教育的基本价值观。

1.2 ChatGPT 重塑教师科研模式

长期以来，中小学教师在科研过程中面临着诸多挑战，例如，教学任务繁重、科研时间有限、信息获取渠道受限，以及数据分析能力不足等问题，这些因素制约了教师科研的开展与教育教学质量的提升。而作为认知工具，ChatGPT 可以深入参与教师的科研工作，为破解这些难题提供新的方法和途径。它能够帮助教师优化选题、快速检索并整合文献信息、改进研究设计、辅助数据分析、提供论文写作建议等，从而显著提升科研效率。

1.2.1 优化选题，辅助高效检索整合信息

在教师选题和文献研究阶段，ChatGPT 可以借助其庞大的知识库，激发教师灵感，发现当前教育领域的热点问题，推荐具有研究价值的教育选题。ChatGPT 还可以基于教师提供的关键词或研究方向，通过多轮对话和多角度分析，拓展教师的思路，发现创新性的研究切入点，并提出初步的研究设计方案，确保选题具有创新性和规范性。

同时，ChatGPT 还可以辅助文献的检索和分析，帮助教师制定检索策略，提供相关的关键词和搜索术语建议。在教师完成文献检索后，ChatGPT 能够进一步辅助分析和整理这些文献，提取关键信息，并进行分类和总结，简化繁琐的数据处理过程。这种协作不仅提升了选题质量，也大大提高了信息整合的效率。

1.2.2 激发灵感，优化研究设计

在研究设计的构建阶段，教师与 ChatGPT 进行多轮对话，围绕研究问题和初步构想，获得来自不同角度的分析和建议，从而理清研究思路，明确研究方向，完善设计方案，挖掘创新点，并提高研究的可行性。例如，一位初中数学教师希望研究"翻转课堂"模式对学生学习兴趣的影响，但对如何设计实验方案感到困惑。他向

ChatGPT描述了自己的研究问题和初步想法，ChatGPT建议采用两个班级对照的实验设计方案：选择两个学习基础相近的班级，一个作为实验组实施翻转课堂教学，另一个作为对照组维持传统教学模式。同时，ChatGPT详细列出了需要控制的变量，如教学内容、课时安排、作业量等，并建议在实验前后进行学习兴趣问卷调查，通过数据分析来验证教学效果。这样的互动帮助这位教师形成了更清晰的研究思路和可操作的研究方案。

1.2.3 数据分析，化繁为简

在数据分析阶段，ChatGPT可以根据研究者的研究问题和数据特征，提供合适的定量或定性研究方法建议。它不仅能为问卷调查、访谈、实验设计等提供详细方法指导，还可以帮助研究者选择恰当的数据分析工具和分析方法，使复杂的数据分析过程变得更加清晰、简洁和可行。

例如，一位高中英语教师通过课堂观察记录表收集了大量学生英语课堂参与情况的数据，但面对这些复杂的数据感到无从下手。通过与ChatGPT的交互，他得到了具体的数据处理建议：首先对观察数据按照参与水平进行编码分类，然后统计不同参与行为的频次，最后通过图表直观呈现学生学习参与的动态变化。在ChatGPT的协助下，这位教师不仅高效完成了数据分析工作，还能将更多精力投入到研究发现的深层解读中，从而提升了研究效率。

1.2.4 辅助写作，提升效率

在撰写研究论文阶段，ChatGPT可以作为教师的写作助手，协助构建论文框架、提供写作建议、改进语言表达，以及检查格式规范。这种协助不仅能提高写作效率，更有助于教师将研究成果更好地呈现出来。

例如，一位小学科学教师完成了一项关于项目式教学的行动研究，但在撰写研究报告时遇到了困难，于是他向ChatGPT描述了研究问题、研究设计和主要发现，寻求论文写作建议。ChatGPT为他设计了一个完整的论文框架，包含研究背景、研究问题、研究方法、行动研究过程、研究结果及讨论等部分，并为每个部分提供了具体的写作要点。对于教师难以准确表达的内容，ChatGPT提供了改写建议；在数据呈现和文献讨论方面，也给出了专业的指导意见。在这种协助下，教师不仅理清了写作思路，还提升了论文的写作质量。

1.3 教育科研提示语应用技巧

教师在科研工作中使用 ChatGPT 时,需要通过提示语(Prompt)来表达需求。提示语可以理解为我们对 ChatGPT 发出的指令,可以是简单的一个具体问题,也可以详细到一个完整的研究需求描述,目的是让它明确我们需要什么样的帮助。

1.3.1 提示语的基本要素

在教师使用提示语与 ChatGPT 展开对话时,提示语通常包含四个基本要素:描述问题背景;设定 AI 角色;提出任务目标;明确输出要求。

(1)描述问题背景

问题背景描述是指为 ChatGPT 提供任务的上下文信息,帮助 ChatGPT 理解教师的真实需求。提供充分的背景信息可以让 ChatGPT 深入理解所处情境,避免生成模糊或不相关的回答。教师提供的背景描述越详细,ChatGPT 越能够理解特定的研究情境和任务需求,从而提供更有针对性的回答。背景描述可以包括以下几个方面:

① 学科和年级信息:描述当前教学的学科和学生的年级。例如:"我教五年级科学,学生的年龄在 10 到 11 岁之间"。

② 已有基础:提供当前研究或教学的基础情况。例如:"目前我们正在进行关于植物生长的单元教学,学生已经对基本的植物结构有了初步的理解"。

③ 研究设想和动机:描述您进行研究的初步想法或动机。例如:"我计划通过合作实验活动来提高学生对科学实验的兴趣,想知道哪种形式最合适"。

④ 遇到的挑战或问题:可以详细描述当前的困难或您想要解决的具体问题。例如:"我发现学生在小组活动中缺乏合作意识,不知道如何分配各自的任务"。

(2)设定 AI 角色

设定 AI 角色,是指要求 ChatGPT 以特定专业身份提供回应。这一策略在教育研究中特别适用于需要多维度专业分析的场景。当分析学生的学习困难时,教师可以让 ChatGPT 分别以教育心理学专家、学科教学专家和班主任的身份进行分析;在设计家校合作方案时,可以从教师、家长和学校管理者的不同视角获取建议;在评估教学改革方案时,可以让 ChatGPT 以教研员或督导专家的身份进行点评。通过角色设定可以获得不同专业立场的深入分析和建议。

在教育研究中，AI角色主要包括三大类：

① 专业领域的专家角色：如教育心理学专家适用于分析学生认知特点和学习动机，学科教学专家用于解析教学设计和教学方法，课程专家适合进行课程规划和教材分析，教育评价专家则用于设计评价方案和分析评价数据。

② 教育实践者角色：包括一线教师可以提供教学实施层面的具体建议，班主任着重关注学生管理和班级建设，教研员帮助开展教学研究和教师培训，学校管理者则从管理视角提供建议。

③ 研究方法专家角色：主要包括教育研究方法专家可以指导研究设计，统计分析专家协助处理量化研究数据，质性研究专家则帮助分析观察记录和访谈资料。

(3) 提出任务目标

清晰简洁地提出任务目标是设计有效提示语最关键的部分。教师应明确表达希望ChatGPT完成的具体任务和实现的目标。通过精心设计的任务目标，可以让ChatGPT更容易理解教师期望的回答方向，并产生更符合预期的有效回答。任务目标的描述应具备以下特点：

① 具体性：描述中应包含明确的任务，以便ChatGPT能够识别要解决的关键问题。可以使用具体的动词来表述目标，如"设计""分析""提出""比较"等。例如："请为我设计一个适合三年级学生的科学实验方案，重点是培养学生的动手能力"。

② 简洁性：任务描述应尽量简洁，避免过长且不必要的背景信息。过于复杂的表达可能会导致ChatGPT无法有效理解任务。

③ 操作性：确保任务描述是可操作的，包含清晰的行动要求。例如："请提出3种能够帮助提高课堂上学生注意力的方法"。

④ 目标导向：可以明确说明任务的最终目标是什么，例如："为了提高学生解决问题的能力，我想了解一些有效的教学策略和相应的评价工具"。

(4) 明确输出要求

在提示语中，输出要求的明确设定有助于ChatGPT准确理解并生成符合教师具体需求的回答。教师在设计提示语时可以从以下几个方面提出输出要求，使ChatGPT提供的回答更加符合预期。

① 成果的形式：教师需要详细说明希望ChatGPT以哪种形式呈现答案，例如："请用表格的形式列出活动的步骤""请用框架图展示研究方法的各个阶段"，或

"请以简洁的段落形式进行描述"。这种对呈现形式的明确说明，可以帮助 ChatGPT 调整输出方式，使其结果更加符合教师对结果直观性的需求，便于后续使用和理解。

② 成果的深度与广度：对于深度要求，教师可以明确说明希望回答所达到的详细程度，例如："请给出具体的活动操作步骤，包括准备材料和学生的参与方式等"。对于广度的要求，如果希望涵盖多个建议或观点，可以指明："请提出至少 5 个不同的建议"。这样可以确保 ChatGPT 的回答内容在信息覆盖面和深度上都能满足实际的教学或研究需要。

③ 字数和语言风格的设定：教师可以通过设定字数范围控制回答的篇幅，例如："请将回答控制在 200 字以内"，从而使生成的内容既简明扼要又不会遗漏关键信息。同时，教师可以指定所需的语言风格，例如："请用简洁明了的语言描述，以便学生也能理解"。这种设定有助于确保 ChatGPT 的回答不仅适合教师使用，还能方便地用于课堂讲解或学生活动中。

④ 可操作性建议：如果教师希望获得可直接应用于课堂的建议，可以在输出要求中明确这一点，例如："请给出可以立即在课堂上实施的 3 个活动"。这种指令能够让 ChatGPT 的回答更具实用性，帮助教师更好地将理论应用于实践中。

1.3.2 简明的提示语结构

在教师一线科研工作中，如选题、文献梳理、研究设计、数据分析、报告撰写等基础性任务，可以采用以下基本提示语结构：

$$提示语 = 描述问题背景 + 提出任务目标 + 明确输出要求$$

在这个结构中，首先要描述问题背景，为 ChatGPT 提供足够的信息以理解情境；然后提出具体的任务目标，以确保 ChatGPT 的回答内容符合需求；最后明确输出要求，具体说明需要 ChatGPT 生成的内容形式。这三个要素共同构成了教师在教育科研中使用 ChatGPT 时的提示语基本框架。

示例

一位初中英语教师想设计课堂观察记录表，用于记录学生写作过程中的语法错误。他设计了如下提示语：

我是初中英语教师，在教学观察和作业批改中，发现学生在英语写作中存在较多语法错误，主要集中在时态、语态和句子结构等方面。**我计划在本学期的写作课上进行课堂观察。请帮我设计一份课堂观察量表，用于实时记录学生写作过程中出现的语法错误**，并以表格形式呈现。

　　描述问题背景　　　**提出任务目标**　　　<u>明确输出要求</u>

　　在这个提示语中，首先描述问题背景："我是初中英语教师，在教学观察和作业批改中，发现学生在英语写作中存在较多语法错误，主要集中在时态、语态和句子结构等方面"。这段背景描述明确了教师身份、教学情境（初中英语写作）、研究基础（前期观察和批改）以及具体问题（主要语法错误类型），为 ChatGPT 提供了充分的情境理解。

　　接着，提出任务目标："我计划在本学期的写作课上进行课堂观察。请帮我设计一份课堂观察量表，用于实时记录学生写作过程中出现的语法错误"。这一目标清晰表述了教师的研究计划和具体需求，即设计课堂观察工具。

　　最后，明确输出要求："以表格形式呈现"。这一要求确保了回答的具体形式，使生成的课堂观察表更加实用和易于操作。通过这三个要素的清晰呈现，可以帮助 ChatGPT 准确理解需求，并提供符合要求的回答。

1.3.3　设定角色的提示语结构

　　在教育研究中，尽管我们在充分描述问题背景后，不特定强调 AI 角色，而较多使用简明的提示语结构，但如果面对需要多角度深入分析或基于专业视角做出判断的复杂情境时，设定 AI 角色能引导 ChatGPT 从更专业的角度提供深入的分析和建议，这时使用的提示语结构如下：

　　　　提示语＝描述问题背景＋设定 AI 角色＋提出任务目标＋明确输出要求

　　在这个结构中，首先描述问题背景，为 ChatGPT 提供足够的信息以理解情境；接下来设定 ChatGPT 的角色，使其明确在这个任务中应扮演的身份或职责；然后提出具体的任务目标，以确保 ChatGPT 的行动方向符合需求；最后明确输出要求，具体说明需要 ChatGPT 生成的内容形式。

示例

一名小学数学教师想探索如何通过改进课堂提问策略提升学生的课堂参与度，设计了以下提示语：

我是五年级数学教师，在讲授分数加减法时，发现学生的参与度不高，可能与我的提问方式有关。*作为数学教学专家*，**请帮我设计课堂提问策略，从提问数量、难度层次、时机选择三个方面给出建议。**<u>以表格形式呈现。</u>

　描述问题背景　　　　设定AI角色　　　　提出任务目标　　明确输出要求

在这个提示语中，首先描述了问题背景："我是五年级数学教师，在讲授分数加减法时，发现学生的参与度不高，可能与我的提问方式有关"，这些描述呈现了教学情境（五年级数学课）、知识点特征（分数加减法，涉及概念理解与计算能力的结合）和问题的表现（学生参与度低，注意力不集中）。这样充分的问题背景描述有助于 ChatGPT 准确地把握教学现状。

然后，基于场景设定专家角色：作为"数学教学专家"，这一角色的设定，是期待 ChatGPT 从数学学科特征、认知发展规律以及实践经验三个视角提供专业性指导，帮助教师优化课堂提问方式。在这个场景中，设定"数学教学专家"的角色是必要的，因为优化课堂提问不仅需要考虑知识点特点和学生认知规律，还需要结合教学经验进行系统设计。这样复杂的情境理解需要从专业角度进行深入分析和建议。

接着，提出任务目标："请帮我设计课堂提问策略，从提问数量、难度层次、时机选择三个方面给出建议"。这样的描述明确提出了教师希望获得的具体建议，并限定了回答的分析维度——"提问数量、难度层次、时机选择"，"提问数量"考虑的是课堂提问的频次与总量；"难度层次"关注如何设计从简单到复杂的渐进性问题；"时机选择"强调基于课堂教学动态调整提问时机。这样明确的目标表述和回答范围的限定，不仅能帮助 ChatGPT 理解教师的具体需求，也使其能够提供更有针对性的建议。

最后，明确输出要求："以表格形式呈现"。采用表格形式呈现结果，使得生成的建议呈现更为清晰，更有条理，便于教师分析和比较。

1.3.4 提示语使用策略

在掌握提示语基本结构的基础上，教师还可以灵活运用三种有效的策略，提高与 ChatGPT 对话的效率和质量。这些策略包括任务分解与分步提问、示例引导以及循序优化。它们既各有侧重，又相辅相成，能够帮助教师在不同阶段更好地推进科研工作。

（1）任务分解，分步提问

任务拆解与分步提问策略特别适用于具有较高复杂性、需要系统性思考的研究任务。这一策略的核心是将复杂任务拆解为多个更易处理的子任务，从简单任务开始，逐步提高任务的复杂程度。这种拆解可以通过两种提示语方式实现：综合提示语和分阶段提示语。综合提示语是通过结构化的方式（如条目或序号）在单次对话中完成任务拆解；分阶段提示语则通过多轮对话逐步推进任务完成。

以一位语文教师开展的"提高初中生记叙文写作水平的行动研究"为例，任务拆解可以通过以下两种方式实现：

● 综合提示语方式

"我正在开展初中生记叙文写作水平的行动研究，请帮我：① 设计一个包含基础特征统计和写作水平评估的评价量表。② 基于该量表设计用于30篇作文分析的Excel模板。③ 提供数据分析方案建议。④ 提出相应的教学改进策略。

● 分阶段提示语方式

将这个研究任务分解为四个步骤，分阶段设计相应的提示语

第一步，设计研究工具："请帮我设计一个学生记叙文评价量表，包含基础特征统计和写作水平评估等维度"。

第二步，设计数据处理方案："基于这个量表，请帮我设计一个Excel表格模板，用于记录和分析30篇作文的评价数据"。

第三步，开展数据分析："根据汇总的数据，请分析这批作文在各维度的表现特点"。

第四步，形成改进方案："基于数据分析结果，请提出有针对性的教学改进建议"。

当研究任务较为明确且教师对整体流程有清晰规划时，可以采用综合提示语，通过结构化的方式（如条目或序号）在一次对话中完成所有步骤的设计，这种方式操作便捷，能快速获得整体建议。当任务较为复杂或需要在探索中明确思路时，采用分阶段提示语更为合适，能够在每个阶段基于 ChatGPT 的反馈进行即时调整和优化，逐步深化研究方案。在实际科研工作中，教师可以根据任务的复杂程度、明确

程度以及对反馈深度的需求，灵活选择这两种提示语方式，从而更有效地完成复杂的研究任务。

（2）循序优化提示语

循序优化提示语是指在教育研究过程中，教师根据 AI 回答的质量和适用性，持续调整和改进提示语的策略。当 AI 的回答未能完全满足研究需求时，教师需要分析存在的问题，有针对性地调整用语、专业概念和问题结构。例如，回答可能存在方向偏离研究目标、分析深度不够、未能突出教育研究特点等情况，这时就需要相应地优化提示语。

在开展教育研究时，提示语的优化是一个动态的、持续改进的过程。教师在实践中经常需要根据 AI 反馈多次调整提示语。每次调整和优化，都是基于对研究目标的深入思考，根据研究需要，不断调整提示语，使其表述更加专业和具有针对性。

以一项"初中生阅读能力发展研究"为例，让我们来看看这位教师是如何根据自己的研究需求，逐步优化提示语的。

首先，教师使用了一个简单的提示语："分析七年级学生阅读能力的现状"。获得回答后，教师发现这样的提问过于宽泛，得到的信息不能很好地支持自己的研究需求。

经过思考，教师改进了提问："分析七年级学生阅读能力的现状，包括测试成绩分布和存在的主要问题"。这次增加了具体的分析维度，但教师又意识到，自己还需要了解学生各项阅读能力的具体表现，以及影响因素分析等更深入的内容。

于是，教师又进行了提问的优化："请分析我们班 50 名学生的阅读能力测试情况，主要想了解：a. 学生在不同阅读能力方面的表现差异；b. 影响学生阅读理解的主要因素；c. 学生在阅读时采用的学习方法；d. 根据这些情况，给出教学建议"。这次的提示语不仅明确了研究对象，还详细列出了需要分析的具体维度，更加符合教师研究过程的实际需求。

需要补充的是，就 ChatGPT 的工作特点而言，它往往会优先根据最新的上下文来生成回答，并且它与我们的对话内容是动态更新的，随着对话的推进，早期的部分上下文可能会被新的内容替代，从而无法直接调用。因此，当需要开展较复杂的多步骤任务时，建议教师重新描述背景信息，然后再提出任务要求，这样有助于 ChatGPT 更准确地回应，而不至于遗漏信息。当然，我们也可以找到具体的对话内容，让 ChatGPT 重新帮助梳理结构化的背景信息。

在实际开展教育研究时，教师可以根据研究任务的特点和阶段需求，灵活运用和组合各种提示语策略。有时采用简明提示语结构就能获得所需要的专业建议，有时可能需要增加角色设定来分析复杂问题，有时需要采用任务分解策略来处理复杂的研究问题，有时则需要通过循序优化提示语来提升对话的专业性和有效性。

在接下来的第二至第八章中，我们将先介绍教育研究各个阶段的方法特征和实施步骤要求，这些阶段涵盖确定研究选题、结合文献进行现状分析与撰写、研究设计以及主要研究方法的具体应用，然后结合案例，分析在这些研究阶段中教师应如何运用提示语策略与ChatGPT互动，获得研究过程中的支持。

为了系统地阐述教师与ChatGPT的对话过程，我们将围绕四个要点展开实例分析：

对话目标：明确在具体研究阶段中，与ChatGPT对话需要解决的问题或达成的目标，这将帮助教师设计有效的提示语并获得针对性的回应。

提示语设计：基于对话目标，提供相应的提示语模板，帮助教师精准引导ChatGPT提供所需的回答。

对话示例：通过具体案例，展示提示语的实际应用方法和ChatGPT的回应，为教师提供参考。

应用建议：结合前述内容，提供实践指导，帮助教师在科研过程中更好地运用ChatGPT，提升研究效率和质量。

通过这些系统化的分析和指导，教师可以逐步掌握与ChatGPT的对话技巧，提高应用水平，更好地完成教育科研任务。

第二章

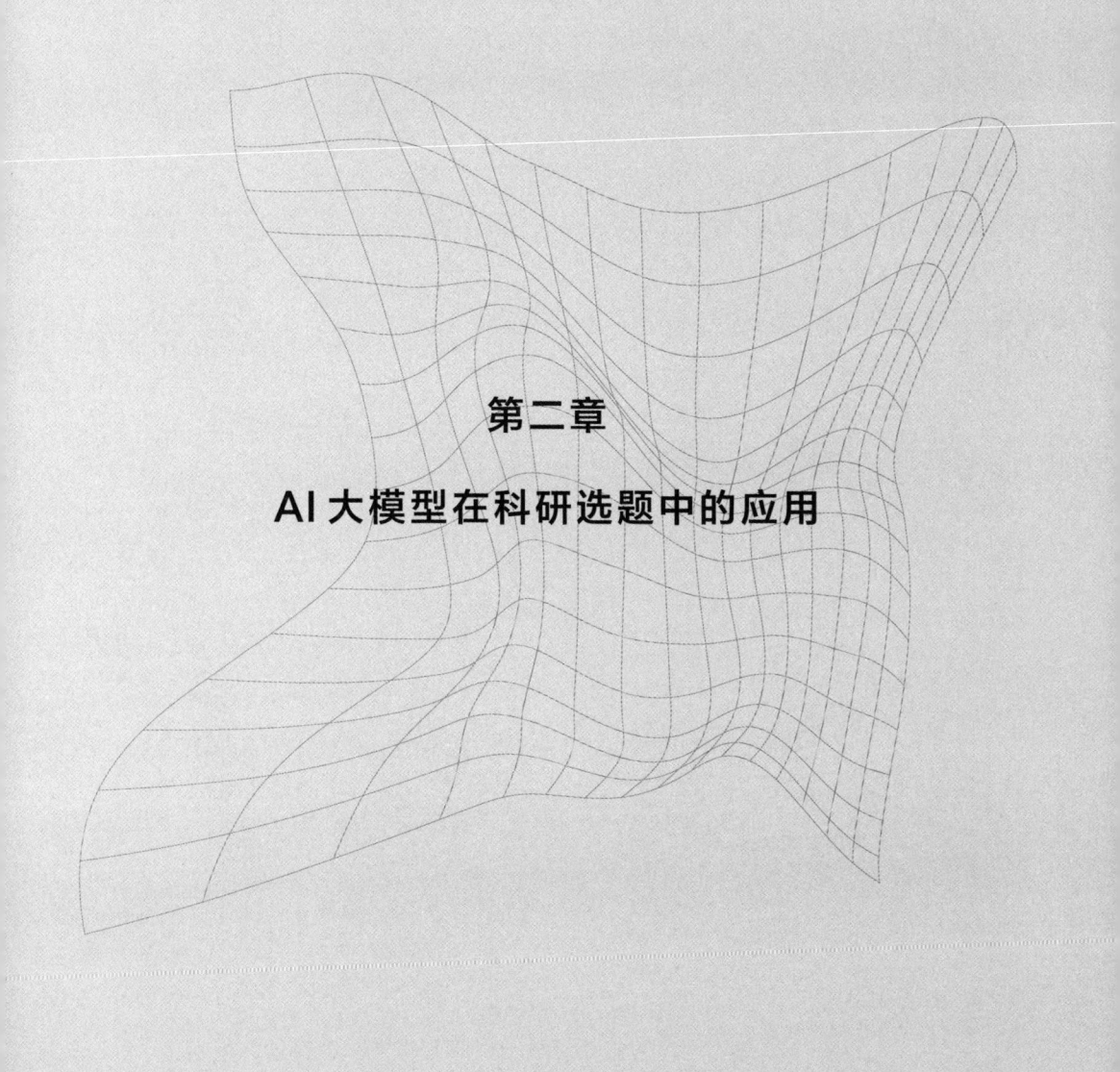

AI 大模型在科研选题中的应用

研究选题是教师开展研究的第一步，也是最关键的一步。对于一线教师来说，选好题往往就意味着研究成功了一半。一个好的研究选题不仅凸显研究价值，吸引读者、同行和专家的关注，还能激发教师的研究热情，为解决实际教学问题提供切实的帮助。在实际研究中，如何确定一个有价值的选题，往往是教师面临的最大挑战。ChatGPT 可以帮助教师抽丝剥茧，拓展研究思维，高质量地形成研究选题。

本章将结合优秀选题的特征，分步骤引导教师寻找和确定适合的研究选题，详细讲解如何有效利用 ChatGPT 使选题过程更加清晰和高效。

2.1 一线教师的选题

2.1.1 优秀选题的特征

一个优秀的研究选题应根植于教育教学实践，并服务于解决教学中的实际问题。概括而言，优秀的研究选题应具备以下特征：教学实践性、明确性与针对性、创新性与价值性、科学性与可行性，以及可操作性。

（1）教学实践性

优秀的研究选题应扎根于日常教学实践，围绕教师在课堂上遇到的具体问题展开。例如，教师可能会遇到学生学习积极性不高、课堂管理困难、某些教学方法效果不理想等情况，一个好的选题应该能够帮助教师解决这些问题，让研究成果直接为教学服务，提高课堂效果。例如，选题"如何提高学生在课堂讨论中的参与度"直接对应了教学中的实际挑战，其研究成果对课堂教学有实质帮助。

（2）明确性与针对性

研究选题需要明确具体的研究对象、范围和目标，这样才能确保研究有的放矢，不会过于宽泛。例如，教师在实际教学中可能发现学生在解决数学应用题时存在困难，针对这个问题，可以将选题具体化为"探索初中数学应用题教学策略对提升学生问题解决能力的影响"。在这个选题中,研究对象是"初中生",研究范围是"数学应用题教学策略",研究目标是"提升学生的问题解决能力",这样明确的选题能让教师在研究中更聚焦,也更容易评估效果。

(3) 创新性与价值性

一个优秀的研究选题需要具备一定的创新性,能够给教学带来新的思路或方法。这种创新性既可以体现在理论层面的新概念或新观点上,也可以是对于已有问题的新解决方案。例如,对于提高学生阅读兴趣这个常见问题,教师可以结合新方法或新技术来开展研究,比如"利用绘本增强小学生的课外阅读兴趣和效果"。这样的选题不仅关注了原有的问题,还引入了新的元素,使研究更有创新价值。

(4) 科学性与可行性

科学性意味着研究要建立在已有的教育理论和研究基础上,不能仅凭直觉或个人经验来做。例如,研究"小组合作学习对学生参与度的影响"时,教师需要了解协作学习的理论依据,并参考已有研究来设计自己的研究计划。同时,可行性也很重要,研究的内容和方法需要适应教师的教学环境和条件,只有这样,研究才能顺利进行。

(5) 可操作性

一个好的研究选题还必须具备足够的可操作性,才能与教师的日常教学工作相结合。对于大多数教师来说,选择一些容易实施的方法,如课堂观察、学生作业分析或简单的问卷调查,更容易在实际工作中运用,而不至于增加过多的负担。另外,研究的时间安排也应合理,一般应在一个学期或一个学年内完成,这样教师才能持续跟进研究,及时分析研究效果,并根据需要调整教学策略。

2.1.2 选题的主要来源

研究选题是教育研究的起点和核心,对于中小学教师来说,选择一个合适的研究主题不仅能帮助解决教学中的实际问题,还能促进自己的专业成长。然而,在众多教育现象中如何找到既有价值又能落实的研究选题,往往让人感到困惑。其实,中小学教师的研究选题可以从多个方面寻找,每一个来源都蕴藏着丰富的研究可能。

(1) 教学实践

教学实践是中小学教师研究选题最直接、最丰富的来源。在日常教学过程中,教师们会遇到各种各样的困惑、挑战和瓶颈,这都是宝贵的研究契机。例如,一位初中英语教师可能发现许多学生在口语表达方面存在困难，这就可以转化为"任务驱动教学法在提高初中生英语口语能力中的应用研究"。同时，教师在尝试新教学方法时遇到的效果和问题也常常能够激发出有意义的研究方向。例如，一位小学数学教师在运用游戏化教学时发现学生的学习兴趣显著提高，这可能会促使他深入研究"游戏化教学在小学数学中的应用效果"。跨学科的教学尝试或教师在帮助学生克服学习障碍过程中的反思，也能够转化为既有理论意义又有实践价值的选题。重视和深度反思教学中的每一个挑战，都是发现研究灵感的好途径。

（2）教育政策

教育政策是影响教育实践的重要因素，也是研究选题的重要来源。通过紧跟教育政策的变化，了解最新政策文件，教师可以掌握当前教育的热点和需求，找到有价值的研究方向。例如，随着国家对核心素养教育的重视，一位高中历史教师可以将研究方向定为"基于核心素养的高中历史课程设计与实施"。另外，政策在实施过程中遇到的实际问题也可以成为研究的重点，比如在"双减"政策背景下，教师可能会研究"课后服务质量提升的策略"。政策的具体执行在不同地区或学校的差异，也为研究提供了新的思考点，比如"农村学校教育信息化实施的困难及应对策略"。

（3）学术文献

学术文献中的研究前沿是了解当前教育研究热点和进展的一个重要窗口，也能为教师提供选题灵感。虽然中小学教师的时间有限，难以像学术研究人员那样深入研究，但定期阅读相关领域的学术文献仍然很有帮助。通过了解学术前沿的研究热点，教师可以发现契合当前时代的研究方向。例如，人工智能技术逐渐在教育中得到广泛应用，这可以激发一位信息技术教师去研究"人工智能辅助教学在中学编程教育中的应用"。新理论和新方法也为解决实际教学问题提供了新思路，例如，翻转课堂的兴起可能会启发一位物理教师去研究"基于翻转课堂的高中物理实验教学模式"。

（4）前沿科技

前沿科技的发展为教育提供了新的工具和可能性，也成为教师选题的重要来源。虽然教师并不是技术专家，但作为教学一线的教育工作者，教师能够敏锐地捕捉到新技术为教育带来的机遇和挑战。例如，随着虚拟现实（VR）技术的普及，一位初中地理教师可能会研究"VR技术在地理教学中的应用"，以便通过新技术为学生提供更生动的学习体验。此外，像大数据分析和人工智能这样的新兴技术，也为教学提供了全新的方式，比如"基于大数据的学业预警系统"或"人工智能辅助的个性化学习系统在小学教学中的应用"，这些都是极具实践意义的研究方向。

2.2 确定选题的步骤

确定一个研究选题通常需要经过三个主要步骤。首先，可以通过尝试组合关键词来生成一个初步的研究方向。关键词的组合有助于明确研究范围，找准切入点，并为后续的文献检索提供方向。通过不断探索和尝试不同的关键词，教师能够逐步明确研究的具体主题，使选题更加聚焦、更具操作性。

接下来，需要进行文献检索，评估选题的理论价值、实践意义以及创新性。这一步有助于教师了解已有的研究成果，找到研究的独特之处，同时确保选题对教学实践有实质性帮助。

最后，要细化研究选题的表述，明确研究的重点，突出其中的创新点。这三个步骤相互关联，通常需要在推敲和反思中反复调整和优化。

2.2.1 步骤1：列出并组合关键词，形成初步选题

确定一个研究选题的第一步是列出并组合关键词，从而形成一个初步的研究方向。关键词是能够精准概括研究主题或核心内容的词汇或短语，通常是教育领域的专业术语，如"课堂管理""项目化学习"或"学生评价"等。选择合适的关键词相当于为研究贴上标签，有助于明确研究的重点，清晰地界定研究的范围和方向，同时也便于理解研究的意义和价值。

通过关键词的组合，可以将教师在教学中的感悟和遇到的问题转化为具体的研究方向，这是形成初步选题的有效途径。不同关键词的组合不仅可以帮助教师从多个角度思考教学中的问题，还能够拓宽研究的视角，探索更多可能性，使选题更有创新性和实践价值。以下是列出和组合关键词的几种策略。

（1）头脑风暴，广泛收集关键词

收集关键词是形成研究选题的基础步骤。教师可以基于自身的教学经验、课堂观察以及所教授的学科，广泛列出所有潜在的关键词。这一过程的目的是挖掘出教学中隐含的研究问题，并拓宽研究视角，从而帮助教师发现有价值的研究方向。

关键词的来源通常包括以下几个方面：
- 学科内容：与教学科目相关的核心主题词，如语文中的"写作教学"、数学中的"数学建模"、科学中的"科学实验"等。
- 教学方法：不同的教学策略和模式，如"项目化学习""小组合作学习""翻转课堂"等，可以结合不同学科内容创新教学设计。
- 学生特征：与学生心理、行为、能力相关的关键词，如"学习动机""认知发展""学习风格"等，能够帮助研究聚焦学生的个体差异和发展规律。
- 教育技术：涉及现代教育技术及工具的关键词，如"虚拟现实（VR）""人工智能（AI）""在线学习"等，为研究提供创新的技术手段。
- 教育政策：与当前教育政策和改革趋势相关的关键词，如"核心素养""双减政策""教育公平"等，反映了教育的整体趋势和方向。

在收集关键词时，可以从教学中的实际问题出发。例如，一位关注学生写作能力培养的初中语文教师，可能会列出"写作教学""评价方式""学生反馈""数字写作"等关键词，从不同维度为研究提供潜在方向，激发更多的研究思路。

在这一过程中，教师不应过早限制关键词的范围。即便某些关键词看似与当前教学实践没有直接关联，也应纳入考虑，因为它们可能带来新的视角和研究灵感。头脑风暴的目的是尽可能广泛地挖掘多种可能性，激发创新的思考，为后续研究选题提供更多选择。

此外，关键词的收集可以结合文献检索进行，通过查阅相关领域的研究成果来了解关键词的学术背景，确保选取的关键词有理论支持和研究价值。这不仅拓宽了研究视角，也保证了选题符合最新的研究趋势，从而提升研究的学术性和实践应用价值。

（2）尝试不同关键词组合，生成潜在研究选题

关键词组合的核心在于"尝试"和"融合"。基于收集到的关键词，教师可以将不同维度的关键词进行交叉组合，从而生成新的研究选题。有时候，那些看似不相关的关键词组合在一起，反而能碰撞出新的研究问题和视角，激发出更多有创意的研究想法，这样的选题往往更有研究价值。以下是几种常见的组合方式：

- 内容+方法：例如，将"写作能力"和"同伴互评"结合起来，可以得到"同伴互评对初中生写作能力的影响研究"这样具体的研究选题。

- 内容+技术：将"写作教学"与"在线学习"结合，可以提出诸如"在线学习环境下初中生写作能力培养的有效策略研究"或者"在线学习与传统课堂结合的混合式写作教学模式研究"等选题。
- 反馈+评价：将"学生反馈"与"评价方式"结合，可以生成"多元评价方式下学生反馈对初中生写作能力提升的作用研究"这样的选题。

尝试关键词组合的关键在于尽量多地生成潜在的研究选题，而不必过早地进行筛选或评判。提出的选题越多，后续可以选择和优化的空间就越大。多样化的关键词组合能够帮助教师从不同的角度来思考教学中的问题，拓展研究的视角，带来更多可能性。因此，教师们可以大胆尝试不同的关键词搭配，看看这些组合会引发出哪些有趣的研究方向。

（3）迭代调整关键词组合，优化研究选题

关键词组合与研究选题的确定是一个反复迭代的过程，随着文献检索和深入阅读，教师对研究问题的理解会不断加深。在这一过程中，初步形成的研究选题可能需要多次调整和优化。

通过阅读文献，教师可以进一步评估这些生成的研究选题是否具有创新性、理论价值和实践意义。如果发现选题在理论上或实践中存在局限，可以尝试通过以下方式进行优化：

- 调整研究范围：可以缩小或扩大研究的范围，使选题更加聚焦或涵盖更广泛的内容。例如，原本针对所有初中生的研究，可以缩小范围到某一特定年级的学生，或者集中研究某一特定学习水平的学生，这样可以更具体地探讨问题。
- 改变研究视角：如果原本的研究视角已经被广泛研究，可以尝试从新的角度切入。例如，原本关注教学方法的研究，可以转向教学效果的评估，这样能带来新的研究亮点。
- 更新关键词组合：随着阅读文献和教学反思的不断深化，可以重新组合关键词，形成新的研究问题。例如，通过查阅相关文献，教师可能发现"游戏化学习"与"学生动机提升"的结合是当前的研究热点，那么就可以将这一方向作为优先考虑的选题。

通过关键词的罗列和组合，不断地推敲与调整，教师可以逐步形成一个既具学术价值、又与教学实践紧密结合的研究选题，使其具备创新性和可行性，同时避免重复已有的研究成果。

2.2.2 步骤 2：检索文献，评估选题

文献检索和选题评估是验证和完善初步研究想法的重要步骤。通过检索相关文献，教师可以深入了解研究领域的最新动态，识别研究空白，避免重复已有成果。同时，还能对选题的创新性和可行性进行详细评估。这个过程可以帮助教师比较和筛选初步选题，确定一个既具学术价值又切实可行的研究方向。

（1）检索文献，了解现有研究的范围和深度

在进行文献检索时，教师应尽可能广泛地获取信息，不仅包括学术期刊，还应关注学位论文、会议论文、教育政策文件及优秀教师的教育研究成果。可以使用中文数据库（如 CNKI、维普、万方）和外文数据库（如 Web of Science、ERIC、ProQuest）来获取资料，尤其关注教育核心期刊（如《教育研究》《课程·教材·教法》）和权威教育政策的发布。

在文献检索过程中，教师应特别关注以下几方面：

- 文献的时效性：优先阅读近 5 年的研究成果，紧跟研究前沿。
- 国内外研究对比：了解国际研究趋势，拓宽视野。
- 高被引论文和综述性文章：帮助把握研究的整体框架和主流观点。

可以利用工具（如 Excel、思源、幕布等）对文献进行整理和分类，以帮助系统地管理资料。通过检索文献，教师可以明确选题在现有研究中的深度和广度，从而发现研究中的空白和薄弱环节。

（2）评估选题的价值和可行性

在文献检索的基础上，教师需要对初步选题进行评估和优化，这个过程通过文献对比和反思逐步深入，可以从以下两个维度进行。

① 学术价值的评估

通过文献对比，我们可以评估选题的创新性、理论贡献和实践意义。

- 创新性：研究是否能够填补现有研究的空白，或提供新的视角和方法？例如，如果一个主题已被广泛讨论，可以缩小研究范围或结合其他新兴方向以增强创新性。
- 理论贡献：该研究是否有助于验证、补充或修正现有理论框架？
- 实践意义：选题是否能够为教学实践提供具体指导？是否回应当前教育改革

的需求?

例如,如果教师发现关于"小学生数学运算能力培养"的研究已相当丰富,那么可以考虑将研究重心转向"培养数学思维能力",从而为现有研究提供新视角。

② 可行性的评估

在评估学术价值的同时,还应从以下方面考虑研究的可行性:

- 研究方法的选择:是否有适合的研究方法可以运用?
- 数据收集的可行性:是否能在学校环境中获取所需的数据?
- 资源限制:是否具备足够的时间、资源和技术支持来进行研究?
- 伦理考量:研究是否涉及伦理问题?

例如,如果某研究需要运用"未来课堂"这样的新技术环境,而学校难以提供,教师就需要考虑调整研究设计或更换一个更具可行性的选题。

(3) 比较并优化研究选题

通过文献检索和初步评估后,教师需要对多个研究问题进行比较和选择。可以结合以下关键标准进行选题优化:

- 理论价值:研究是否能为教育领域提供新见解?
- 实践意义:研究是否能有效解决教学中的实际问题?
- 创新性:研究方法或视角是否具有创新性?
- 可操作性:研究在现有条件下是否易于开展?

教师可以逐一对这些维度进行比较,找出不同选题的优劣。例如,一个研究选题可能具有较强的创新性,但可行性较弱;另一个选题则可能实践价值突出,但理论贡献有限。通过综合考虑这些因素,教师可以不断调整选题的角度、方法或创新点,最终确定一个既有创新性又可行,既有理论价值和实践意义,同时也符合个人兴趣和资源条件的研究问题。

例如,一位小学数学教师通过文献检索生成了多个研究选题:"小学数学解决问题能力的培养策略研究""合作学习对小学生数学解决问题能力的影响""游戏化学习在小学数学解决问题教学中的应用"。经过对比和评估后,教师发现"游戏化学习在小学数学解决问题教学中的应用"不仅创新性强,实践意义明确,还符合学校的条件,并契合教师的个人兴趣,因此将其确定为最终研究选题。

文献检索和选题评估是一个动态过程,教师需要不断反思和调整。随着阅读的深入,教师可能会发现新的研究角度,从而对选题进行进一步调整和优化,这个过程也有助于教师逐渐深化对研究领域的理解。

2.2.3 步骤3：突出创新，优化题目

在确定了研究的关键词、价值和实践可行性后，需要重点考虑如何突出题目的创新性。一个好的研究题目不仅要准确传达核心内容，还应做到用词精炼，体现前瞻性，从而吸引读者的注意。以下几点可以帮助优化题目。

（1）题目突出研究的创新点

中小学教育研究的创新可以体现在理论应用创新和教学实践创新上。例如，"基于认知负荷理论的初中数学几何证明教学优化研究"展示了理论应用的创新；"融合虚拟现实技术的初中地理沉浸式教学模式构建与应用"则体现了实践创新。

教师应认真思考自己研究的创新点在哪里——是引入了新的教学技术，还是开发了新的教学方法？或者是提出了解决长期存在的教学难题的新方案？将这些创新点融入题目中，能够让研究更具吸引力。

（2）使用高影响力词汇和专业术语

在研究题目中使用教育学科的专业术语来替换日常用语，同时融入当前教育改革和研究热点的关键词，不仅能让题目更加简洁，还能体现研究的专业性、理论基础和创新性。例如，在题目中使用"自主学习策略"替代"自学方法"，使用"形成性评价"替代"平时考核"等。

在选择词汇时，注意使用具有前沿性、变革性或战略性的术语，如"核心素养""智慧教育""跨学科融合"等，以凸显研究的前瞻性和重要性。同时，考虑到教育政策和社会需求的变化，可以适当融入具有时效性和政策导向性的词汇，如"双减政策背景下""指向核心素养"等，使研究题目更具有现实针对性和应用价值。

在对题目进行优化时，需要注意避免使用过于晦涩的术语，因为这可能会降低题目的可读性。因此，在使用专业术语时要把握好度，确保题目对于教育领域的同行来说既专业又易懂。例如，"基于核心素养的高中语文阅读教学模式构建与实践研究"这一题目就很好地平衡了专业性和可读性。

（3）题目简洁明了，充分反映研究内容

一个好的研究题目应像摘要一样，用最少的字数概括研究的核心内容。通常包含研究对象、研究变量和研究目的。例如，"基于任务驱动的初中英语口语教学策略研究"就明确了研究对象、方法和目的。教师应反复推敲题目的用词，删除不必要

的修饰，使中文题目保持在 20 字以内，英文题目控制在 12—15 词左右。

（4）使用副标题补充研究焦点

当主标题无法完全涵盖研究的重点时，可以使用副标题来补充说明。副标题可以具体指出研究对象、教学内容或研究方法，使读者一目了然。例如，主标题"提升小学生阅读理解能力的策略研究"可以通过副标题"基于绘本阅读的实践探索"来加以明确，使研究更具针对性和可操作性。

教师在确定研究题目时，可以保持开放和灵活的态度，随着研究的深入及时对题目进行调整，并请教研专家或同行给出反馈，从不同角度审视题目的准确性、吸引力和学术价值。

2.3 ChatGPT 辅助选题的方法

在一线教师确定研究选题的各个阶段，从最初的头脑风暴到最终的题目确定，整个过程都可以通过与 ChatGPT 的互动，更系统、深入地思考研究方向，拓宽思路，将模糊的初步想法逐渐发展为明确的选题。本节结合具体案例，按照"对话目标、提示语设计、对话示例、应用建议"这一结构，描述教师与 ChatGPT 围绕确定并完善选题的三个阶段：头脑风暴，收集关键词；组合关键词，形成潜在研究选题；评估选题的创新性和可行性等进行对话的过程。

【案例描述】

庄老师在小学科学课堂中发现，学生对科学课程的兴趣不高，动手实践能力也较为薄弱。为了解决这一教学难题，她决定探索创新的教学模式。

在确定初步研究方向后，庄老师开始了系统的选题过程。首先，她通过与 ChatGPT 进行头脑风暴，生成了多个相关关键词。接着，她利用 ChatGPT 对这些关键词进行不同的组合，逐步形成多个潜在的研究问题。在与 ChatGPT 的深入讨论和分析中，她的研究方向逐渐清晰起来。最终，庄老师结合自身的教学经验和研究兴趣，选定了一个具体的研究课题，并通过 ChatGPT 从创新性和可行性两个维度进行了详细评估，不仅确定了研究选题的价值，还得到了研究实施的指导建议。

这一案例展示了教师如何有效利用 ChatGPT，从头脑风暴、关键词组合到研究选题生成和选题评估，逐步完成研究选题的确定过程。

2.3.1 头脑风暴，收集关键词

（1）对话目标

在研究的头脑风暴阶段，教师可以通过与 ChatGPT 对话，实现两个具体目标：

① 收集研究相关的关键词，了解这些概念或术语的具体含义，这将帮助教师构建研究的基础知识框架。

② 通过对这些关键词的理解，拓展研究思路，明确可能的研究方向。

为达成这些目标，教师需要设计结构清晰的提示语，引导 ChatGPT 提供准确和有价值的信息。

（2）提示语设计

在设计这个提示语时，我们可以遵循简明的提示语结构"提示语＝描述问题背景＋提出任务目标＋明确输出要求"。

描述问题背景时，首先需要说明自己的任教背景（如任教学段、学科），帮助 ChatGPT 了解我们的教学背景和研究可能涉及的范围。同时还要把在课堂教学中观察到的现象或遇到的问题说清楚。这些内容是开展研究的出发点。

提出任务目标时，要明确表达研究意图，说明需要 ChatGPT 提供的帮助内容，即需要相关研究关键词及其解释。

在明确输出要求时，需要具体说明需要的关键词数量。如有必要，可以补充其他具体要求（如分类方式、呈现形式等）。

提示语设计模板如下：

"我是［学段］［学科］教师，在教学中发现［具体问题］（问题背景）。请帮我分析这一问题相关的研究关键词，并解释每个关键词的含义，以便我开展「研究目标］（任务目标）。请提供 10 个关键词，并对它们进行归类（输出要求）。"

（3）对话示例

在科学创新案例中，庄老师应用上述提示语模板，设计了以下问题，围绕研究关键词与 ChatGPT 展开了对话。

> **庄老师**：我是小学科学教师，在教学中发现学生对科学课程兴趣不高，动手实践能力不足。请帮我分析这一问题相关的研究关键词，并解释每个关键词的含义，以便我开展科学课程创新教学模式的研究。请提供 10 个关键词，并对它们进行归类。

⑤ **ChatGPT**

一、目标类关键词

这些关键词聚焦于学生学习目标的达成，如兴趣提升和能力培养。

1. 科学兴趣（Scientific Interest）

- 含义：指学生对科学知识、现象和活动的兴趣与积极情感，是驱动科学学习的重要因素。
- 关联：低兴趣可能导致学生学习积极性不足，需要通过创新教学设计来激发兴趣。

2. 动手实践能力（Hands-On Skills）

- 含义：学生在科学活动中操作仪器、设计实验、记录和分析数据的能力。
- 关联：动手能力不足影响学生将科学知识应用于实际问题解决的能力。

3. 科学素养（Scientific Literacy）

- 含义：学生理解科学概念、掌握科学方法并运用科学思维解决实际问题的综合能力。
- 关联：培养科学素养是小学科学教育的核心目标。

二、创新教学模式类关键词

这些关键词提供了可以尝试的新型教学方法和模式。

4. 探究式教学（Inquiry-Based Teaching）

- 含义：以学生主动探究为核心，通过提问、实验、数据分析等过程构建科学知识。
- 关联：鼓励学生自主学习，提升兴趣和实践能力。

5. 项目式学习（Project-Based Learning, PBL）

- 含义：通过让学生围绕真实任务完成项目，提升实践能力和跨学科综合能力。
- 关联：能有效培养学生的合作能力和科学素养。

6. 创客教育（Maker Education）

- 含义：通过设计和制作科学装置（如简易电路或模型），培养学生的创新和动手能力。
- 关联：增强学生动手实践的积极性。

7. 科学游戏化（Gamification in Science Education）
- 含义：利用游戏元素（如积分、闯关、奖励）设计科学课堂活动，提升趣味性和参与度。
- 关联：对激发学生兴趣特别有效。

8. 跨学科教学（Interdisciplinary Teaching）
- 含义：融合科学、技术、数学、艺术等多学科内容开展教学活动。
- 关联：提供了综合性学习平台，有助于实践能力提升。

三、理论依据类关键词

这些关键词为教学研究和课堂设计提供理论支持。

9. 动机理论（Motivation Theory）
- 含义：研究如何通过内在动机和外在动机激发学生的学习兴趣和持久动力。
- 关联：可用于优化课堂活动设计，增强学习积极性。

10. 建构主义学习理论（Constructivist Learning Theory）
- 含义：强调学生通过主动探索和构建知识获得学习体验。
- 关联：为探究式教学和项目式学习等模式提供理论支持。

在 ChatGPT 的回答内容中，提供了一系列与小学科学教学相关的关键词，并将它们分为三个类别：教学目标类（如科学素养、科学兴趣、动手实践能力）、创新教学模式类（如探究式教学、项目式学习、创客教育、科学游戏化、跨学科教学）、理论依据类（如建构主义学习理论、动机理论）。

这种分类方式具有两个优势：首先，清晰展示了不同维度的研究要素；其次，为后续关键词的组合提供了框架，有助于形成潜在的研究主题。例如，可以将教学目标类关键词与创新教学模式类关键词结合，探讨特定教学模式对实现具体教学目标的作用。

（4）应用建议

在研究的头脑风暴阶段，设计或使用提示语时，教师应遵循以下原则。

首先，明确对话目标是收集关键词以确定研究选题。基于这一目标，提示语需要包含三个核心要素：充分的背景信息（如教师身份、教学现状）、明确的任务要求（如需要研究相关的关键词及解释）和具体的输出要求（如关键词数量）。

其次，为便于后续关键词的有效组合，可以采用两种策略：① 在初始提示语中直接要求对关键词进行归类。② 采用任务分解方式，先获取关键词清单，再通过后续对话要求解释和归类，这种分步骤的方式可以让每个环节的输出更有针对性。

2.3.2 组合关键词，形成潜在研究选题

（1）对话目标

在组合关键词形成潜在研究选题的阶段，教师与 ChatGPT 的对话主要围绕以下三个目标展开：

① 通过关键词组合形成研究思路：基于已获得的不同类别关键词（教学目标、创新教学模式、理论依据），探索它们之间的有效组合方式，形成可行的研究思路。

② 生成理论与实践结合的选题：将这些关键词组合转化为具体的研究选题，确保选题既体现理论基础（如理论依据类关键词），又反映实践问题（如教学目标类关键词）。

③ 构建多个备选研究方向：基于不同的关键词组合，生成多个潜在的研究选题，为教师提供多样化的选择空间，便于后续筛选最适合的研究方向。

（2）提示语设计

在组合关键词形成研究选题的过程中，提示语设计需要考虑两种情况。

第一种情况：延续头脑风暴收集关键词后的持续对话，此时可以使用的提示语模板为：

"基于上述关键词，请帮我提出可能的研究选题。希望通过不同类别关键词的组合，形成［具体数量］个研究选题和相应的研究问题。每个选题都应考虑教学目标、创新教学模式和理论依据三个维度的结合，并在描述上体现实践研究的特点，不需要突出研究的因果变量。"

此提示语的设计要点：a. 强调关键词的多维度组合；b. 要求同时给出研究选题和相应的研究问题；c. 指明三个维度的整合要求；d. 突出实践研究的导向；e. 明确排除因果关系的限定。

需要说明的是，在提示语设计中强调"体现实践研究的特点，不需要突出研究的因果变量"有其深层考虑：教育教学实践研究主要聚焦于"如何做"的问题，即探索和改进教学方法、策略和模式，而不局限于验证"是否有效"的简单因果关系。实践研究更看重教学设计、实施策略、问题解决方案等过程性探索，这些复杂的教育现象往往难以用单一的因果关系来概括。因此，在设计提示语时需要明确指出这

一特点，以引导生成更符合实践研究特征的研究选题。

第二种是教师重新开始新的对话，此时的提示语需要遵循"描述问题背景＋提出任务目标＋明确输出要求"的结构，模板为：

"基于［具体教学情境］，结合［关键词］，请设计［具体数量］个研究选题和相应的研究问题。要求体现教学目标、创新教学模式和理论依据三个维度的整合，突出实践研究特点，无需强调因果关系。"

（3）对话示例

在科学创新案例中，庄老师基于 ChatGPT 在前一轮对话中提供的 10 个关键词（包括教学目标类、创新教学模式类、理论依据类），应用"延续头脑风暴收集关键词后的持续对话提示语模板"，进一步要求 ChatGPT 通过组合这些关键词来形成潜在的研究选题。

庄老师：基于上述关键词，请帮我提出可能的研究选题。希望通过不同类别关键词的组合，形成 5 个研究选题和相应的研究问题。每个选题都应考虑教学目标、创新教学模式和理论依据三个维度的结合，并在描述上体现实践研究的特点，不需要突出研究的因果变量。

⊛ **ChatGPT**（部分回答）

研究选题 1：探究式教学在小学科学课堂中对学生科学兴趣和实践能力的培养
- 关键词组合：科学兴趣、动手实践能力、探究式教学、动机理论
- 研究问题：
1. 在探究式教学模式中，如何通过问题设计和动手实验激发学生对科学课程的兴趣？
2. 探究式教学活动（如实验设计与操作）对学生实践能力的提升效果有哪些表现？
3. 动机理论如何指导探究式教学的优化以提升学生的课堂参与度和学习体验？

研究选题 2：基于项目式学习的小学科学课程设计与实施
- 关键词组合：科学素养、项目式学习、建构主义学习理论

- 研究问题：
1. 项目式学习活动如何促进学生科学素养的发展？
2. 如何通过项目设计（如环境监测、简易机械制作）提升学生的科学思维和综合应用能力？
3. 建构主义学习理论对项目式科学课程设计和实施有哪些启发？

研究选题 3：科学游戏化教学在小学科学课堂中的应用研究
- 关键词组合：科学兴趣、科学游戏化、动机理论
- 研究问题：
1. 游戏化教学设计（如闯关、积分奖励）是否能够显著提升学生的科学兴趣？
2. 在游戏化活动中，如何平衡游戏趣味性与科学内容的严谨性？
3. 动机理论如何解释游戏化教学中奖励机制对学生学习行为的作用？

在 ChatGPT 给出的回答中，提出了 5 个研究选题，每个选题的呈现采用了三层结构：① 研究选题的具体表述，体现了教学目标、创新教学模式和理论依据的整合；② 选题所使用的关键词组合参考，清晰展示了不同类别关键词之间的关联；③ 基于选题提出的具体研究问题，这些问题聚焦于教学实践中可操作的研究方向。这种层次化的回答不仅帮助庄老师从多角度分析教学中的问题，还为她构建系统的研究框架提供了清晰思路。

（4）应用建议

在"组合关键词，形成潜在研究选题"阶段，教师设计或使用提示语时应遵循以下原则：

① 明确对话类型。若是延续前序对话，可直接引用已获得的关键词；若是新开始的对话，则需要完整提供背景信息和关键词。

② 设定明确的组合要求。提示语中应指出需要将不同类别的关键词（教学目标、创新教学模式、理论依据）进行组合，并要求每个研究选题都能体现多个维度的整合。

③ 强调实践研究导向。提示语需要突出体现实践研究的特点，不强调因果关系的验证，而是关注"如何做"的问题解决思路。

④ 明确具体的输出期望。包括指定需要生成的研究选题数量，要求同时提供具

体的研究问题，并为每个选题提供关键词组合参考。

2.3.3 评估选题的创新性和可行性

（1）互动目标

在"评估选题的创新性和可行性"阶段，教师与 ChatGPT 的互动目标主要围绕选题的创新性和实施条件展开：在创新性评估方面，教师需要通过与 ChatGPT 的对话重点探讨选题在教育实践改进方面的创新价值；在实施条件评估方面，教师需要借助 ChatGPT 深入分析开展该研究所需的具体条件，如教学环境、研究对象、实施时间等。

（2）提示语设计

为了评估选题的创新性和可行性，设计与 ChatGPT 互动的提示语时，我们需要从四个方面进行把握。a. 充分地描述问题背景：需要说明研究题目、相关关键词以及具体的研究问题，采用教师第一人称表述，建立明确的研究情境。b. 设定专业的评价角色，明确指出需要以教育研究专家的角色进行选题评估。c. 提出明确的任务目标，具体要求包括两个方面：一是评估研究对教学实践的创新价值，二是分析开展研究所需的具体条件，并通过举例（如教学环境、研究对象、研究时间等）提示评估要素。d. 限定输出要求：明确要求从创新性和实施条件两个维度给出评估意见，为 AI 回答提供基本框架。

提示语模板设计如下：

"我正在考虑以［具体研究题目］作为研究选题。该选题涉及的关键词包括［关键词1、关键词2、关键词3］，主要探讨以下研究问题：

①［研究问题1］

②［研究问题2］

③［研究问题3］

请以教育研究专家的角度，从以下两个方面评估这个选题：

① 这个研究对改进教学实践有什么创新价值。

② 开展这项研究需要哪些具体条件（教学环境、研究对象、研究时间等）。

请分别从创新性和实施条件两个维度给出评估意见。"

（3）对话示例

在科学创新案例中，庄老师应用上述提示语模板，设计了下面的问题，围绕选题评估与 ChatGPT 进行了对话。

庄老师： 我想选择"研究选题2：基于项目式学习的小学科学课程设计与实施"；其中包含的关键词组合为：科学素养、项目式学习、建构主义学习理论；研究问题有：(1) 项目式学习活动如何促进学生科学素养的发展？(2) 如何通过项目设计（如环境监测、简易机械制作）提升学生的科学思维和综合应用能力？(3) 建构主义学习理论对项目式科学课程设计和实施有哪些启发？

请以教育研究专家的角色帮我评估这个选题，从以下两个方面进行分析：(1) 这个研究在改进教学实践方面有哪些创新价值？(2) 开展这项研究需要哪些具体条件（包括教学环境、研究对象、研究时间等）？

请分别从创新性和实施条件两个维度给出评估意见。

---

⑤ ChatGPT（部分回答）

好的，作为教育研究专家，我将从创新性和实施条件两个方面来评估您的研究选题"基于项目式学习的小学科学课程设计与实施"。

一、创新性分析

1. 教育实践创新

- **项目式学习与科学素养的结合：** 该研究通过项目式学习（PBL）来促进小学科学素养的培养，这本身就是一种创新的教学方法，能够有效改变传统以教师讲授为主的课堂结构，转而通过学生主动参与和动手实践来建构科学知识。这种结合有助于从根本上提升学生对科学的兴趣和探索精神。

- **建构主义学习理论的应用：** 引入建构主义学习理论，强调通过"做中学"和"探究中建构知识"，为项目式学习提供理论基础。这种理论背景的应用有助于验证建构主义理念在实际小学科学教学中的可行性与成效，是对传统教学观念的突破。

- **跨学科的项目设计：** 通过设计具体的项目（如环境监测、简易机械制作），促进学生科学思维和综合应用能力的发展。这种项目式的活动不仅融合了科学概念，还需要学生运用数学、工程设计和解决实际问题的能力，体现出学科融合和实践应用的特点。这种跨学科的设计有助于学生从多个角度理解科学现象，进而全面发展科学素养。

2. 促进学生综合素养的发展
- 科学素养的全面培养：项目式学习与科学素养的发展直接相关，不仅涵盖了学生科学知识的掌握，还包括科学思维、探究精神、团队合作和综合应用等方面的素养。这种综合性的培养方式特别符合当下核心素养教育的要求，有助于学生全面发展，提升他们在科学方面的综合能力。
- 鼓励创造力和批判性思维：通过引导学生在项目活动中提出问题、寻找解决方案，该研究能够有效培养学生的创造力和批判性思维能力，这些都是 21 世纪所需要的重要能力，也为今后科学学习打下了良好基础。

二、实施条件分析

1. 教学环境
- 项目实施的支持设施：需要具备基础的科学实验室设施，或者至少提供适当的实践场所，供学生进行项目活动，如设计、组装、观测等过程。理想情况下，这样的环境还应提供足够的实验器材和技术支持，以便学生能够实现从设计到验证的完整过程。
- 技术与工具支持：进行简易机械制作和环境监测等项目需要一定的工具和设备。学校应提供相关的科学器材（如传感器、手工制作工具、实验材料等），以保证项目实施的顺利开展。

2. 研究对象
- 学生群体选择：适合小学中高年级（如四至六年级）学生。这些学生已经具备了一定的科学知识基础和动手操作能力，能够在教师指导下较好地参与项目式学习活动。
- 班级选择与分组：选取若干班级作为研究对象，其中可以有一个实验班实施项目式学习，另一个对照班继续实施传统教学，以便进行效果对比。这种实验设计有助于科学评估项目式学习对科学素养的具体影响。

3. 实施时间
- 研究周期安排：整个研究周期至少需要一个学期（4—6 个月）。这包括项目式学习的设计与实施、学生学习效果的观察和测量，以及最终的数据收集与分析。项目式学习的各个项目活动应合理分布在整个学期中，以保证学生有充足的时间完成每个学习任务。

4. 实施可能的难点

- 教师的专业能力：教师需要具备项目式学习的设计与引导能力，包括如何提出有效的问题、如何指导学生分组合作，以及如何鼓励学生反思学习过程。因此，教师应接受专门的培训，以熟悉 PBL 的基本原理和具体的教学方法。
- 时间与管理挑战：项目式学习往往需要较长的时间，课堂时间的管理可能成为挑战。教师需灵活设计课堂节奏，以保证项目任务能够在既定时间内完成，同时避免学生因为进度不一而产生焦虑。
- 学生的差异性：不同学生的能力和学习方式各不相同，教师在项目式学习的实施过程中需要对每个小组进行不同程度的支持，以确保所有学生都能够有效参与并从中受益。这种个性化的支持会增加教学的工作量和复杂性。

总结建议

- 创新性方面：您的研究具有显著的创新价值，尤其是在项目式学习和建构主义理论相结合的基础上，通过跨学科的项目设计来培养科学素养，这对于小学科学教育是一种非常具有潜力的教学改进。
- 实施条件方面：建议您在研究前期重点评估和准备所需的教学设施和教师培训，选择适当年级和班级作为研究对象，并确保合理安排项目活动的时间和任务，以应对项目式学习在实际课堂中可能面临的管理挑战。

ChatGPT 以教育研究专家的角色，对研究选题进行了双维度评估。在创新性方面，从教育实践创新和学生综合素养发展两个层面分析了研究价值；在实施条件方面，系统考察了教学环境、研究对象、实施时间和可能的难点。这种全面的评估内容为教师进一步规划研究内容和开展研究设计提供了重要参考。

（4）应用建议

在评估选题的创新性和实施条件阶段，教师设计提示语时应参考四个要点。a. 在背景描述时，需要清晰呈现研究题目、关键词和具体研究问题，采用第一人称表述建立真实研究情境，同时保证表述简明扼要。b. 明确设定 AI 的角色（如教育研究专家），确保角色与评估任务相匹配，以获得专业视角的反馈。c. 在提出任务目标时，需要聚焦创新价值和实施条件两个评估维度，通过具体要素提示来引导评估方向，明确评估的重点内容。d. 在输出要求上，应要求分维度给出评估意见，提供基本的答复框架，确保评估建议具有实际指导价值。使用包含这四个要点的结构化提示语，将有助于获得更有针对性和实用性的评估建议。

第三章

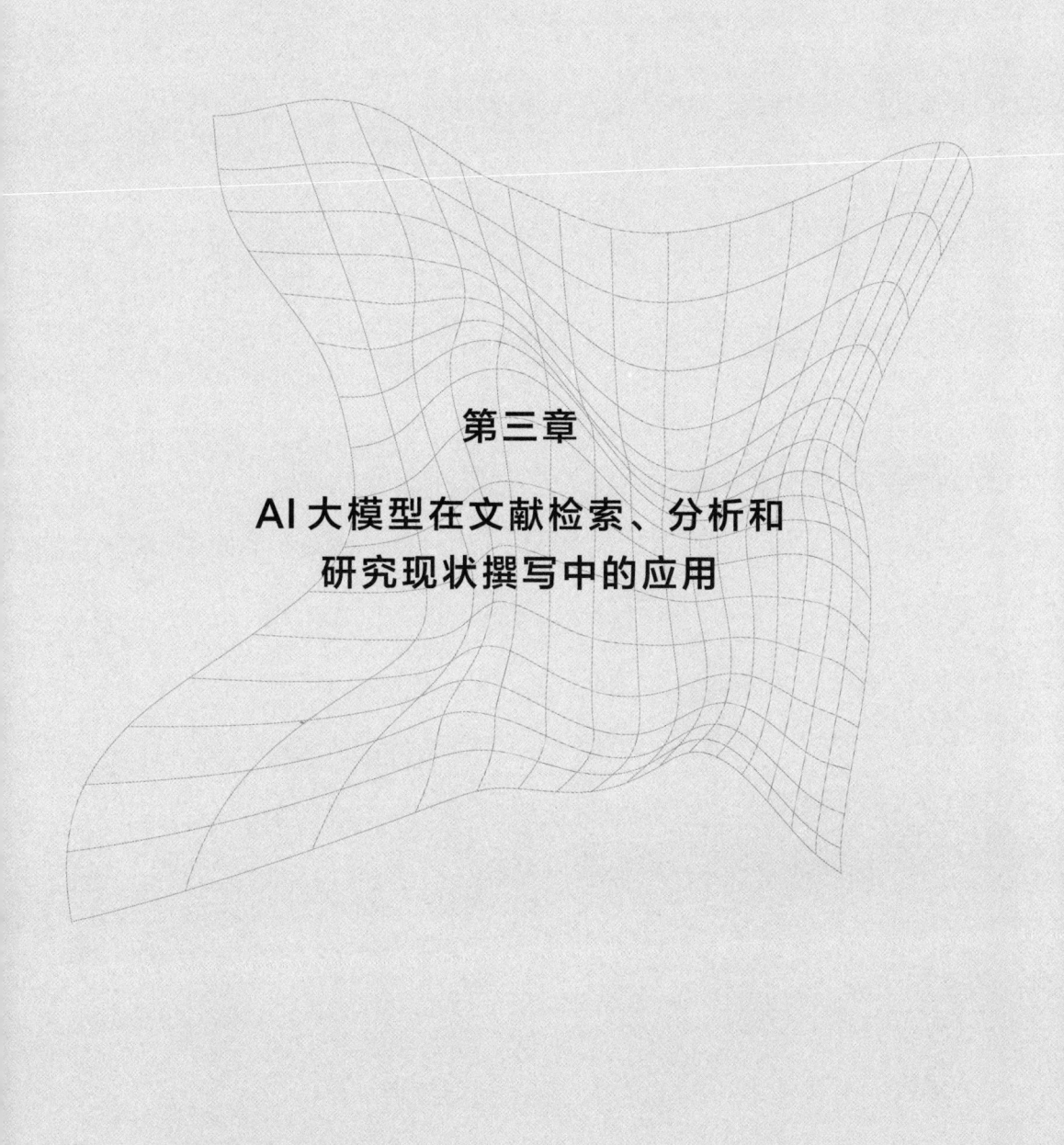

AI 大模型在文献检索、分析和研究现状撰写中的应用

在教育科研中，文献检索、分析和研究现状的撰写是不可或缺的环节。这些工作不仅帮助教师深入了解研究主题的现状和发展趋势，还直接影响研究方向的选择、论点的构建以及论文的整体质量。随着技术的发展，教师可以借助 ChatGPT 等人工智能工具，更方便地查找文献，进行文献内容分析，形成研究现状的框架，并高质量地撰写研究现状。

本章将介绍在教育科研中进行文献检索与分析的基本方法，以及研究现状的写作技巧，同时详解如何利用 ChatGPT 来辅助文献检索、分析和研究现状的撰写。

3.1 文献检索与分析

3.1.1 文献检索

文献检索的一般流程包括五个步骤：登录文献数据库或检索网站；输入关键词进行检索；对检索结果进行筛选和精炼；评估文献的基本信息；将有用的文献保存并管理（见图 3-1）。

登录文献数据库/检索网站 → 输入关键词进行检索 → 筛选和精炼检索结果 → 评估文献基本信息 → 保存和管理有用文献

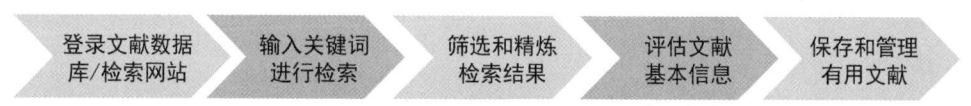

图 3-1 文献检索的一般流程

（1）步骤 1：登录文献数据库/检索网站

文献数据库是用来存储和查找学术文献的电子资源库，里面包括学术期刊文章、会议论文、专著、学位论文、专利和技术报告等各种类型的文献。除了基本的文献信息（比如标题、作者、摘要等），这些数据库还提供检索功能，用户可以通过关键词、作者、期刊等条件来搜索相关文献。

在中小学教育科研中，常用的文献数据库有以下几种。

① 综合性文献数据库

综合性文献数据库包括中文和外文数据库，可以提供各种类型的文献资料，比如教育学和心理学等多个学科领域的期刊、学位论文和会议论文，而且会定期更新最新的研究成果，支持教师开展高质量的研究。

- 常用的中文文献数据库

常用的中文文献数据库有中国知网（CNKI）、万方数据和维普资讯。如果想查找最全面的中文文献，建议使用 CNKI；如果需要查找质量较高的教育教学文献，建议尽量从核心期刊中查找。

- 常用的外文文献数据库

常用的外文文献数据库有 ERIC（教育资源信息中心）、Web of Science、Science Direct 和 SpringerLink 等。其中，Web of Science 是查找高质量外文教育文献的好工具，特别适合需要追踪文献引用情况或进行跨学科研究的教师；而 SpringerLink 不仅收录了学术期刊，还提供多学科的电子书，其中有些教育文献可以免费获取全文。

② 图书馆纸质书籍

学校图书馆或公共图书馆通常有很多纸质书籍和电子期刊，教师可以去查找需要的资料，进行借阅或参考。

③ 学术搜索引擎

学术搜索引擎包括"百度学术"和"谷歌学术（Google Scholar）"，可以用来查找学术文献。

(2) 步骤2：输入关键词进行检索

登录数据库后，接下来就是输入关键词来开始查找文献。在这一步，掌握一些小技巧可以帮助你更好地找到需要的资料。

① 主题词和关键词检索

关键词是你自己想到的，用来表达研究核心内容的词汇，比如"教学方法""学生动机"或者"课堂管理"等。而主题词是数据库中定义好的标准词汇，它们经过规范化处理，能够更精确地描述文献的内容，比如"教育技术"或"认知发展"等。这些主题词能帮助你更准确地找到与研究主题密切相关的文献。

在检索时，你可以先用关键词来查找，看看找到的文献是否符合自己的需求，然后再尝试用主题词，或者把关键词和主题词结合起来使用。例如，如果你想找关于"人工智能在教学中的应用"的文献，可以使用主题词"人工智能"加上关键词

"教学应用"进行组合检索，这样能使结果更加符合你的研究方向和需求。

② 使用同义词扩大搜索范围

有些概念有不同的说法，比如"教学方法""教学策略"或"教学手段"，它们可能描述的是类似的内容。在搜索时，尽量考虑这些不同的表达方式，用同义词或者近义词来扩大搜索范围，这样能找到更多相关的文献。大部分数据库还会提供同义词表或者提示工具，利用这些功能可以拓宽你的搜索，获得更多有用的信息。

③ 精确匹配短语

为了让搜索结果更精确，可以把整个短语用双引号括起来，这样可以避免系统查到太多不相关的内容。例如，如果你要搜索"人工智能教育"，就可以在关键词两边加上双引号（"人工智能教育"），这样系统就会只查找包含这个完整短语的文献，减少一些不必要的结果。

④ 使用布尔运算符来组合关键词

如果你想要更精确地查找文献，可以使用一些简单的组合方法（也叫布尔运算符）。例如，"AND"表示"和"，"OR"表示"或者"，"NOT"表示"排除"。这些组合可以帮助你更灵活地查找文献。

举个例子，如果你想找 2018 到 2023 年间关于"人工智能在中小学教育中的应用"的文章，可以这样组合关键词：

- （"人工智能"OR"机器学习"）AND（"中小学教育"OR"中小学课堂"）
- 设定年份：2018 到 2023
- 限定文献类型：期刊文章

这样组合搜索可以帮助你更精准地找到符合要求的文献。

(3) 步骤 3：筛选和精炼检索结果

在得到搜索结果后，可以利用页面上的各种筛选工具进一步缩小范围，比如按文献类型、出版年份、学科类别、研究领域等进行筛选。你还可以根据需要选择排序方式，比如按相关性、发表日期或者引用次数来排序结果，这样更容易找到自己需要的内容。

在筛选文献时，有一些实用的小技巧可以帮助你更好地找到有价值的文献。

① 检索综述类文献

综述类文献通常对某个研究领域的主要研究成果进行总结和分析，不仅能够快速让你了解这个领域的整体情况，还可以帮助你发现研究的空白和不足。因此，找综述类文献是一个很好的方法。你可以在数据库的文献类型里选择"Review"或"综述"来筛选，也可以直接在关键词中加入"综述"或者"Review"，这样更容易找到相关的综述文献。

② 使用数据库的特有功能

很多数据库都有一些独特的功能可以利用，比如分类浏览、期刊导航或者专家学者检索等，这些功能可以帮助你更快地定位到相关的文献。例如，在中国知网上，可以使用"学科导航"功能，找到"教育学"学科下的"人工智能与教育"分类，这样更方便查找相关的研究文献。

③ 关注引用次数和相关性排序

你可以按照引用次数或者相关性来对文献进行排序，以便找到影响力较大的文献或者与你的搜索词高度相关的文献。大部分数据库会默认按相关性排序，但你也可以根据自己的需求，选择按引用次数来排序，这样可以更快找到那些被很多人引用的高影响力文献。

④ 使用引文检索

当你找到一篇有用的文献时，可以通过"引文检索"功能查看引用了这篇文献的其他文献。这种方法可以帮助你找到同一领域的核心研究和相关的后续研究，让你更全面地了解这个领域的进展。

⑤ 检索特定期刊

很多数据库都有"期刊导航"功能，可以让你直接找到某个特定期刊的所有文章。你只需要在检索框中输入期刊的名字，然后浏览或搜索该期刊的内容。找到目标期刊后，你还可以限定检索条件，比如设置时间范围或者输入关键词，这样更容易找到符合你需求的文献。

在实际查找文献的过程中，建议灵活使用这些不同的小技巧，并适当加以组合，这样可以更高效地筛选出与自己研究相关的高质量文献，减少不必要的信息干扰，更快找到有用的资料。

(4) 步骤4：评估文献基本信息

文献的基本信息通常包括文章的标题、作者、摘要和关键词等。教师可以通过这些信息来快速判断文献是否对自己的研究有帮助。

- 看标题：通过阅读文献的标题，可以快速判断这篇文章与你的研究主题是否相关。

- 看摘要：摘要能让你快速了解文章的主要内容和核心观点，从而决定是否需要继续阅读全文。
- 看关键词：关键词能够帮助你了解这篇文章的研究方向和核心内容，判断是否符合你的研究需求。

通过这些方法，教师可以更高效地筛选出与自己研究密切相关的高质量文献，节省时间，提升研究效率和质量。

（5）步骤5：保存和管理有用文献

筛选出相关的文献后，需要把它们保存和管理好，方便以后使用。可以考虑以下几种方法。

① 批量导出信息

可以将筛选出的文献信息（如标题、作者、出版年份、期刊名、摘要等）批量导出到 Excel 表格中，以便于后续的管理和引用。具体方法如下：

- 选择文献：在数据库中浏览检索结果时，勾选你想要保存的文献，通常可以一次选择多篇。
- 点击导出选项：在页面上找到"导出"或"引用管理"之类的按钮，点击它。
- 选择导出格式：在导出选项中，选择"Excel 表格"或"CSV 文件"。大多数文献数据库支持这种导出格式，如果没有直接的 Excel 选项，可以选择 CSV 文件，然后将其导入 Excel。
- 导出内容：在导出设置中，可以选择要导出的具体信息，比如文献的标题、作者、出版年份、期刊名以及摘要。摘要部分非常重要，因为它可以帮助你快速了解每篇文献的核心内容。
- 保存并管理：导出完成后，打开文件并保存在电脑上。这样，你可以在 Excel 中查看、排序和管理这些文献信息，这对于后续查找和引用非常方便。

② 保存全文

下载文献的全文 PDF，保存在自己的电脑中，这样的操作在以下情况下非常有用：

- 深入阅读和分析：如果这篇文献对你的研究非常重要，或者你打算引用其中的内容，那么保存全文可以让你随时查阅。
- 需要对细节进行理解：摘要只能提供文献的大致内容，而有些研究的细节（如数据、方法等）只有在阅读全文时才能掌握。因此，如果你需要详细了解研究方法和具体数据，最好保存全文。

- 以后可能用到：有些文献在当前阶段可能看起来不那么重要，但将来可能需要引用或者参考。保存全文可以减少未来重复搜索的麻烦。

为了方便管理，可以在自己的电脑上创建一个专门的文件夹，并使用统一的命名规则，比如"作者_年份_标题.pdf"，这样以后查找起来更加方便快捷。如果文献数量较多，也可以按学科、主题或研究阶段进行分类，以确保每次查找时都能快速定位。

3.1.2 文献分析

在找到相关的研究文献之后，教师需要对这些文献进行系统的分析。通过文献分析，教师可以深入了解已有的研究成果，从中提取有价值的信息，为自己的研究提供理论基础和方法参考，并更明确自己研究的独特价值。

在对文献进行分析时，有两种分析方法可以帮助研究者对文献进行系统分析，即基于文献基本信息的比较分析和文献主题分析。

（1）文献基本信息比较

文献基本信息比较是一种整体上的分析方法，主要通过统计文献的发表时间、来源、研究方法等基本信息，帮助教师了解研究领域的总体情况。这种分析可以帮助我们看到研究热点的变化、研究重点的转移方向，以及核心作者和主要研究机构的分布情况。通过这种方式，教师能够快速掌握某个领域的研究现状，发现有哪些热点和趋势，从而为自己选择研究方向提供参考。

文献基本信息比较是指对文献的外部信息进行对比，比如文章的标题、作者、发表在哪个期刊、出版的年份、关键词和摘要等。这种比较方法通常用于文献分析的初始阶段，帮助教师快速筛选和分类文献，判断哪些文献与自己的研究主题最相关，值得深入阅读。

表3-1列出了进行文献基本信息比较时常用的主要项目，包括题目、作者、期刊名称、关键词和摘要等。

表3-1 文献基本信息比较的主要项目

序号	文献题目	作者	期刊名称，出版年份，页码	关键词	摘要
1	文献1				
2	文献2				

通过表3-1中的文献基本信息比较，教师可以直观地对比不同文献的关键内容，比如作者、发表年份和关键词等，从而迅速了解哪些文献与自己的研究最为相关，方便后续的深入分析与筛选。通过这种比较，教师不仅可以节省时间，还能更有针对性地选择最有价值的文献来支持自己的研究。

（2）单篇文献深度分析

单篇文献深度分析是指对选定的重要文献进行系统解读和深入剖析。这种分析主要关注具体文献中的研究问题、理论框架、研究方法、主要发现、创新贡献和局限性，通过细致的梳理来全面把握文献的学术价值和研究质量。这种方法特别适合三类文献：一是该领域的重要文献（如被广泛引用的经典研究）；二是与自己研究最相关且研究质量较高的文献；三是具有实践指导意义的应用研究文献。

例如，在对一篇关于"中学生数学学习动机干预"的文献进行深度分析时，可以着重提炼文献中动机理论的基础、干预方案的设计、实验过程的控制、效果评估的方法，以及研究结果在理论和实践中的意义。通过这种深度分析，教师可以全面理解这篇文献的学术价值，并找到可以直接借鉴到教学实践中的经验和方法。

（3）跨文献主题分析

跨文献主题分析是围绕某个研究主题或分析角度，从多篇相关文献中提取、对比并整合信息的过程。通过这种分析，教师可以了解不同文章对同一主题研究时的相似点和不同点，从而识别出研究的趋势和不同观点的争议。这种方法特别适合想要全面了解某个具体问题的研究现状时使用。

例如，当我们分析"线上教学对学习效果的影响"这个主题时，可以从多篇相关文献中提取关于在线教学方式、学习效果评估方法，以及影响因素等方面的内容。通过对比这些研究，可以发现不同情境下线上教学的效果差异以及背后的原因，帮助教师对这一问题形成更全面和深入的理解。

文献基本信息比较、单篇文献深度分析和跨文献主题分析这三种方法各有侧重，互相补充：文献基本信息比较可以帮助教师快速了解研究领域的整体情况和研究热点；单篇文献深度分析则让教师深入理解那些对研究具有关键影响的重要文献；而跨文献主题分析帮助教师梳理某个研究主题的发展过程，比较不同研究的观点，总结出核心内容和趋势。

在文献分析的过程中，通常需要结合使用这三种方法。例如，教师可以先通过文献基本信息比较来筛选出与自己研究高度相关的文献，然后通过跨文献主题分析来梳理该研究主题的发展脉络和主要观点，了解这个领域中的共性和差异。最后，对筛选出的关键文献进行深度分析，进一步理解它们的方法、理论基础和研究发现，为自己的研究找到有效的理论支持和合适的研究方法。

3.2 研究现状的撰写

撰写研究现状是教育科研中的重要环节，通过这一过程，一线教师可以展示自己对研究主题的最新进展、主要观点，以及对已有研究成果的梳理和分析。这不仅为后续的研究设计和实施提供理论支撑，还能帮助教师发现研究中的不足，明确自身研究的创新点，避免重复已有的研究。

撰写研究现状对于改进教学实践也有重要价值。通过深入理解已有的研究成果，教师可以获得解决实际教学问题的新思路和有效方法。例如，在撰写"如何提高学生课堂参与度"的研究现状时，教师可以从已有的研究中了解哪些教学策略效果显著，以及在相似的教学情境中哪些具体做法取得了良好效果，从而有针对性地设计和开展自己的教学实践研究。

3.2.1 研究现状的结构

在撰写研究现状时，通常会按照"引言、主体（文献回顾）、总结评论"这三个部分的结构框架来组织内容。

（1）引言

引言部分需要简要介绍所研究主题的范围和特点，帮助读者了解研究的背景。同时，也可以简单说明文献检索的范围和方法，为主体部分的内容作铺垫。

（2）主体（文献回顾）

主体部分是研究现状的核心，在这一部分，教师需要对收集到的文献按照一定的逻辑顺序进行系统梳理和分析。通常可以采用以下两种内容组织方式：

- 时间顺序

按照研究主题的发展历程进行回顾和梳理。例如，在研究"启发式教学"这一主题时，可以描述从苏格拉底的"产婆术"，到赫尔巴特的"五段教学法"，再到现代启发式教学理论的发展过程。将这些理念按照时间顺序排布，可以清楚地展现启发式教学理念的发展和深化，以及教学方法的不断演变和优化。

- 主题分类分析

根据研究主题的不同方面，对多篇相关文献进行分类分析，对比不同研究的观点和结论。例如，研究"启发式教学"时，可以将现有研究按以下几个方面分类分析：① 理论基础研究；② 课堂教学实施策略研究；③ 效果评价研究。在分类分析的基础上，再分别呈现各个研究方向的主要观点、研究成果和应用案例。

（3）总结评论

在总结与评论部分，教师需要对已有研究进行宏观的评价，比如哪些方面研究得比较充分，哪些问题还需要进一步探索。更重要的是，要说明这些已有研究与自己的研究之间的关系，突出自身研究的必要性和创新点。例如，现有研究可能较少关注班级实际情况，而我们的研究将结合具体教学环境，提出更有针对性的解决方案。

3.2.2 研究现状的撰写

基于研究现状的结构框架，在撰写各部分内容时，可以参考以下要点：

引言

- 简要介绍主题的范围、研究特征
- 介绍文献检索的范围和方法

主体（文献回顾）

- 确定主题分类
- 概括文献内容
- 分析研究异同

总结评论

- 概括研究现状
- 分析研究不足
- 引出自己研究的创新点

（1）研究现状撰写案例

我们以研究主题为"探究游戏化教学在小学数学课堂中的应用效果"的研究现状撰写为例，各部分的写作要点如下：

探究游戏化教学在小学数学课堂中的应用效果：研究现状部分（写作要点）

一、引言

近年来，如何有效提升小学生对数学学习的兴趣和课堂参与度，已经成为小学数学教学中的重要研究课题。游戏化教学是一种将游戏元素融入教学过程的模式，被认为对提高学生的学习兴趣和课堂参与度非常有效。本研究主要关注如何在小学数学课堂中应用游戏化教学，以及这种教学方式的具体效果，包括设计原则、实施策略、教学成效及面临的问题。（介绍主题范围和研究特征）

本研究以中国知网（CNKI）数据库为检索平台，选取2014—2023年间发表的期刊论文和学位论文作为文献来源。研究者采用"小学数学""游戏化教学""教学游戏""游戏化学习"等关键词进行检索，经过筛选分析，最终确定了19篇具有代表性的文献作为研究对象，以期全面把握该领域近十年的研究进展。（介绍文献检索范围和方法）

二、主体

通过对相关文献的梳理，目前关于游戏化教学应用于小学数学课堂的相关研究可以分为三个方面：（确定主题分类）

1. 游戏化教学的理论基础

概述游戏化教学的定义、主要特征及其相关学习理论。（概括文献内容、分析异同）

2. 小学数学课堂中常用的游戏化教学模式

梳理不同学者提出的游戏化教学模式，并结合具体案例，概述各种模式的设计思路、操作步骤、适用范围。（概括文献内容、分析异同）

3. 游戏化教学对小学数学课堂的影响

梳理不同学者对游戏化教学在学生学习兴趣、课堂参与度、学习成绩和数学学习态度的影响方面的研究结论。（概括文献内容、分析异同）

三、总结评论

基于以上文献回顾与分析，已有研究主要在以下方面取得了进展：……（概括研究现状）

然而，当前研究仍存在以下局限：……（分析研究不足）

本研究将在已有研究基础上，聚焦学生数学思维和问题解决能力的培养，探

> 索促进高阶思维发展的游戏化教学创新路径。通过实证研究，系统考察游戏化教学对学生数学核心素养发展的影响，为丰富小学数学游戏化教学理论和优化教学实践提供新的视角和实践参考。（引出自己研究的创新点）

(2) 研究现状写作技巧与注意事项

在撰写研究现状时，除了有清晰的逻辑框架，还需要注意以下三个方面的写作要求：

- 增强段落语句的连贯性

在撰写过程中，段落之间和句子之间的连贯性非常重要。教师应使用过渡句来自然地引导读者从一个观点过渡到另一个观点。例如，在比较不同教学方法时，可以这样写："与传统的讲授式教学相比，游戏化教学更能激发学生的学习兴趣……"。此外，还可以使用连接词或短语来增强段落之间的逻辑关系，如"此外"（表示递进关系）、"然而"（表示转折关系）、"另一方面"（表示对比关系）等，使文章的结构更加清晰。

- 提高研究现状的可读性

为了让研究现状更加易于理解，教师可以采用表格等形式来展示文献信息。例如，可以设计一个包含"研究者、发表时间、研究主题、主要观点、研究方法"等栏目的对比表，系统地展示重要文献的研究成果。这种可视化的呈现方式，不仅能帮助教师理清不同研究之间的联系和区别，也能帮助读者更好地把握研究现状的整体脉络。

- 避免常见的写作误区

撰写研究现状时，教师需要避免一些常见的误区。首先，研究现状不能只是简单地罗列他人的研究观点，而应结合自己的教学实践进行分析，提炼出对教学有指导意义的关键信息。其次，在整理文献时，要注意查找与研究主题密切相关的重要文献，尤其是具有代表性的理论研究和教学实践案例，以确保研究的全面性。在行文过程中，还需明确区分自己的观点与已有文献中的观点，避免混淆。同时，基于现有研究的不足，教师应建立研究现状与自己研究的逻辑关联，明确自身研究的切入点和创新之处，体现研究的价值和意义。

(3) 参考文献的选择

一篇高质量的文献综述离不开对参考文献的精挑细选。合理的参考文献选择不

仅能佐证研究观点,还能充分体现综述的学术价值。在选择参考文献时,教师需要遵循以下原则:

- 准确性:引用的文献信息必须完全准确,包括作者、标题、出版年份、期刊名、卷号、页码等,确保与原文一致。
- 相关性:引用的文献应与研究主题密切相关,避免引用无关或边缘的内容。
- 权威性:优先选择来自知名学术期刊、权威机构出版物或权威学者的文献,确保引用文献的质量和可信度。
- 时效性:尽量引用最新的研究成果,以反映该领域的最新进展和动态。
- 充分性:确保每个关键论点都有足够的文献支持,以增强论证的可靠性。
- 避免二手引用:尽量查阅并引用原始文献,若必须使用二手文献,应明确标注原始出处。

(4)参考文献的格式

在引用参考文献时,我们需要按照相关标准来规范引用格式。表3-2列出了常见参考文献类型的格式要求。对于中文参考文献,应参考《信息与文献 参考文献引用规则(GB/T 7714-2015)》的标准;而英文参考文献则遵循APA格式的规范。这样可以确保我们的引用规范统一、清晰明确。

表3-2 参考文献格式示例

文献类型	中文参考文献格式	英文参考文献格式
期刊文章	◆ [序号]作者姓名.文献名[J].期刊名,年,卷(期):起止页码。 例:[1]陈向东,褚乐阳,王浩,等.教育数字化转型的技术预见:基于AIGC的行动框架[J].远程教育杂志,2023,41(02):13—24.	◆ Author(s).(Year).Article title. Journal Name, Volume(Issue), pages. 例:Van de Pol, J., Volman, M., &Beishuizen, J.(2010). Scaffolding in teacher-student interaction: A decade of research. Educational Psychology Review, 22(3), 271—297.
书籍	◆ [序号]作者姓名.书名[M].出版地:出版社,出版年:起止页码。 例:[2]姜竹青,门爱东,王海婴.计算机视觉中的深度学习[M].北京:电子工业出版社,2021:29—30.	◆ Author(s).(Year).Book title. Publisher. 例:National Research Council.(2018). How people learn II: Learners, contexts, and cultures. National Academies Press.

续　表

文献类型	中文参考文献格式	英文参考文献格式
学位论文	◆［序号］作者姓名.论文题目［D］.出版地：学位授予单位，年份. 例：［3］汪晓婷.基于知识建构原则的可视化在线讨论平台的设计与实现［D］.上海：华东师范大学，2019.	◆ Author（s）.（Year）. Dissertation title［Dissertation type］. Database. 例：Webel, C.（2010）. Collective cognitive responsibility in the high school mathematics classroom［D］. ProQuest LLC, 171.
会议论文	◆［序号］析出文献作者姓名.析出文献名［C］//论文集主要责任者.论文集题名.出版地：出版者，出版年：析出文献起止页码. 例：［4］孙品一.高校学报编辑工作现代化特征［C］//中国高等学校自然科学学报研究会.科技编辑学论文集（2）.北京：北京师范大学出版社，1998：10—22.	◆ Author（s）.（Year）. Article title. In Conference proceedings title. Publisher. 例：Kondo H, Tohyama S, Ohsaki A, et al.,（2019）. HighNyammer BBS Scaffolds the Development of Each Learner's Collective Cognitive Responsibility［C］//2019 8th International Congress on Advanced Applied Informatics（IIAI-AAI）. IEEE, 184—189.
网络电子资源	◆［序号］主要责任者.电子文献题名［文献类型识别/文献载体识别］.［更新或修改日期］［引用日期］.获取和访问路径. 例：［5］中国互联网信息中心.第53次中国互联网络发展状况统计报告［EB/OL］.（2024-3-22）［2024-3-29］.https：//www.cnnic.net.cn/.	◆ Author（s）/Organization.（Year）. Title. Retrieved from URL（Accessed date）. 例：UNESCO.（2022）. World Trends in Freedom of Expression and Media Development：Global Report 2021/2022. UNESCO. https：//www.unesco.org/reports/world-media-trends/2021/en?hub=745.

在引用文献时，除了参考表3-2中的格式示例外，还需要注意不同学科和机构对参考文献格式的具体要求，这些要求可能会有所不同，教师应根据具体情况进行适当调整。在投稿之前，务必仔细阅读目标期刊的投稿指南，严格遵守对标点符号、大小写、斜体等格式的要求。此外，多数文献数据库（如中国知网的"导出/参考文献"功能）也能帮助教师快速获取和管理参考文献信息。

3.3　ChatGPT辅助文献检索、分析和研究现状撰写的方法

在一线教师开展文献工作的各个阶段，从文献检索到文献分析，再到研究现状

的撰写,都可以通过与ChatGPT的互动,提高工作效率。本节结合文献检索、分析和研究现状撰写三个环节,结合具体案例,围绕教师与ChatGPT进行对话的"对话目标、提示语设计、对话示例及应用建议"展开分析。

【案例描述】

鲁老师在指导学生进行在线协作学习时,发现学生的协作意识不强,互动质量也不高。为了寻求解决方案,她决定查阅国内外相关文献。在文献检索过程中,鲁老师借助ChatGPT优化了关键词的选择和检索策略,最终在数据库中获取了大量关于"协作学习"和"学习支架"的高质量文献。随后,她利用ChatGPT对这些文献进行了深入分析,梳理出不同支架设计的方法和实施策略。最后,鲁老师再次借助ChatGPT整合文献分析的内容,完成了研究现状的撰写,明确了研究的切入点。

3.3.1 ChatGPT辅助文献检索

当一线教师希望通过中国知网(CNKI)等数据库检索文献时,虽然ChatGPT无法直接访问这些数据库,但它可以利用语言模型的优势,提高教师在数据库检索中的效率和准确性。

(1)对话目标

在"辅助文献检索"阶段,教师与ChatGPT的对话聚焦于优化文献检索的策略和质量,主要目标在于拓展研究主题的相关概念和关键词,构建合理的检索策略,提高文献检索的全面性和针对性,找到与教师研究问题密切相关的高质量文献。

(2)提示语设计

在教师使用ChatGPT辅助文献检索时,有效的提示语应具有以下特征。① 在获得扩展关键词时,提示语需明确指出核心关键词和研究主题,要求AI提供多层次的相关词汇建议。② 在要求生成检索式时,提示语应说明使用的数据库类型,并要求AI提供详细的检索式构建建议,包括关键词组合方式和检索运算符的使用说明。

在使用ChatGPT辅助文献检索时,提示语设计模板如下:

"我计划在[具体数据库名称]检索有关[核心概念1]和[核心概念2]的相关文献。请帮我:① 列出这两个概念的相关检索词;② 提供检索式构建方案;③ 如果有其他可以提高检索效率和质量的建议,也请一并说明。"

(3)对话示例

在协作支架研究的案例中,鲁老师应用上述提示语模板,设计了以下问题,并围绕检索关键词和检索策略，与ChatGPT展开了对话。

> **鲁老师**：我准备在CNKI数据库和Web of Science平台检索"协作学习"和"学习支架"这两个概念的相关文献，请帮我提供系统的检索关键词和检索式构建方案，确保能够全面获取相关文献。如果有其他可以提高检索效率和质量的建议，也请一并说明。

ChatGPT（部分回答）

1. 检索关键词

以下是针对"协作学习"和"学习支架"概念的相关检索词，涵盖中文和英文，以确保全面检索。

（1）协作学习（Collaborative Learning）
- 中文关键词：协作学习；合作学习；小组学习；团队学习
- 英文关键词：Collaborative learning; Cooperative learning; Group learning; Team learning

（2）学习支架（Learning Scaffolding）
- 中文关键词：学习支架；支架式教学；支架设计；支架策略
- 英文关键词：Learning scaffolding; Instructional scaffolding; Scaffolding strategy; Scaffolding design

2. 检索式构建方案（略）

3. 进一步优化的建议

（1）时间限定：如果希望得到最新的研究，可以加上时间限制，例如，过去5年内的文献。

（2）学科领域：可以根据需要在学科领域中进一步筛选，比如教育学、教育心理学等。

（3）文献类型：可以根据需要选择限定期刊论文、会议论文、综述等文献类型。

从ChatGPT给出的回答内容看，ChatGPT在辅助教师进行文献检索的过程中不仅能够提供相关的中英文检索关键词，还能根据具体需求生成相应的检索式，并给

出了检索文献的策略建议。这种人机协作模式整合到文献检索的各个阶段，能够显著提高文献检索的效率和质量，提高检索的全面性和精确性。

（4）应用建议

在实际科研中，教师可以利用 ChatGPT 辅助文献检索，通过扩展研究主题的相关关键词，生成适合不同数据库的检索策略，包括：a. 可以向 ChatGPT 提出核心关键词，并要求扩展相关同义词、上下位词等；b. 根据研究的具体需求，要求 ChatGPT 为某特定数据库（如 CNKI、Web of Science 等）构建详细的检索式以及检索的策略。通过这些步骤，可以实现高效的文献检索，找到与研究密切相关的高质量资料。

3.3.2 ChatGPT 辅助文献分析

教师在使用 ChatGPT 辅助分析研究文献时，需要充分认识到两个关键点：一是 ChatGPT 具备强大的自然语言处理和知识整合能力，既可以快速处理文献题录信息进行相关性分析，也能对文献内容进行多维度分析，识别研究趋势和空白点；二是由于 ChatGPT 知识库的局限性，教师需要提供待分析的具体文献信息，包括用于题录分析的文献基本信息列表，以及用于深度主题分析的文献详细内容或核心段落。基于这两点，教师可以借助 ChatGPT 的高效分析能力，获得结构化的文献分析结果。

（1）对话目标

在"ChatGPT 辅助文献分析"阶段，教师与 ChatGPT 互动的主要目标是：利用 ChatGPT 的自然语言处理和知识整合能力，快速获得文献的结构化分析结果。这包括通过题录分析了解研究的基本特征，如发表时间、作者和关键词分布等，以及通过深度主题分析识别研究的核心观点、研究方法、研究发现和趋势，从而帮助教师高效掌握研究现状，并发现新的研究切入点。

（2）提示语设计

在设计 ChatGPT 辅助文献分析的提示语时，需要同时考虑文献信息的提供和分析要求的明确性：a. 提示语首先应说明所提供的文献信息（如文献题录列表或全文内容）；b. 明确具体分析要求；c. 在进行题录信息比较分析时，重点关注发表时间、作者、关键词等基础信息的分析；d. 在进行主题分析时，提示语中明确要求分析理论观点、研究方法、研究发现等内容要素，从而确保 ChatGPT 能够有针对性地完成相应的分析任务。

通过提供文献信息，让 ChatGPT 帮助文献分析时，提示语设计模板如下：

- 以文献基本信息比较为主：

"我提供了［研究主题］的 20 篇核心文献的题录信息（包括标题、作者、发表时间、关键词），请帮我分析：1）年份分布特征；2）作者群体特征；3）研究主题分布；4）关键词关系。以下是具体信息：［文献题录信息列表］"

- 以文献内容深度分析为主：

"基于以下 5 篇关于［研究主题］的文献内容［提供文献具体内容］，请帮我分析：1）主要研究问题；2）采用的理论框架；3）研究方法；4）核心发现；5）不同文献间的观点异同。"

- 以跨文献主题分析为主：

"请根据我提供的［研究主题］文献资料［在附件中粘贴文献资料 pdf］，从以下两个维度进行分析：1）文献的基本特征分析（发表趋势、作者分布等）；2）文献的主题内容分析（理论基础、研究方法、主要发现等）。"

（3）对话示例

在协作支架研究的案例中，鲁老师希望通过 ChatGPT 的帮助，对相关文献内容进行深度分析，应用"以文献内容深度分析为主"的提示语模板，设计了下面的问题，与 ChatGPT 进行了对话。

鲁老师： 以下是 10 篇关于学习支架研究的核心文献内容，请帮我分析：1）学习支架的主要理论基础；2）常用的情境创设方法与策略；3）实施效果的评估方式；4）研究发现的共性与差异；5）研究中存在的局限性。♯♯♯（文献内容略）♯♯♯

---

⑤ ChatGPT（部分回答）

1. 学习支架的主要理论基础

学习支架理论主要来源于维果茨基的"最近发展区"理论（Zone of Proximal Development，ZPD），它强调通过适当的外部支持帮助学习者完成原本难以独立完成的任务。支架理论中，教师或更有经验的同伴通过提供引导，使学生逐步过渡到自主学习。此外，建构主义学习理论认为学习者通过主动构建知识获得理解，这与学习支架通过帮助学生构建意义、激发思维过程相一致。

社会建构主义理论强调学习在社交互动中的发生，学习支架在协作学习中扮演了引导和促进沟通的角色，使得小组成员通过交流和相互帮助，共同构建知识。

2. 常用的情境创设方法与策略
- 真实情境模拟：通过创设现实生活中的问题情境，使学生能够感受到学习的实际应用价值。比如在协作学习中，教师设计模拟企业项目或社会问题，作为协作任务背景。
- 问题导向学习：通过提出引人深思的问题，引导学生在协作中思考和解决问题，这种方式有助于激发学生的主动性和创造性。
- 多媒体支持：利用视频、图像、互动工具等多媒体资源，帮助学生理解复杂概念和背景信息，为他们在协作学习中提供更多支持。
- 任务分解：将复杂任务分解为多个子任务，并为每个子任务提供支持，这种方式有助于学生逐步掌握任务的每一个部分，从而达成整体目标。

3. 实施效果的评估方式
- 定量评估：通过测试和问卷调查来量化学习支架在协作学习中的效果。例如，通过前后测比较学生在认知能力、协作技能等方面的提升程度。
- 定性评估：通过观察、访谈或学习日志等方法评估学生在协作过程中的表现。教师可以观察学生之间的互动、支架使用情况以及小组合作的顺畅程度。
- 同伴评价与自我反思：通过同伴间的互评和学生自我反思，了解学习支架对学生个人和团队协作的具体影响。

（以下略）

ChatGPT 给出的回答内容概括了文献中关于协作学习支架的理论基础、可参考的学习支架设计方法与策略，总结了学习支架的评估方式等，为鲁老师设计有效支架和验证支架效果提供了具体思路。

（4）应用建议

在实际科研中，教师可以利用 ChatGPT 对已有文献进行多维度的分析，快速掌握研究现状。a. 当教师已获取若干核心文献后，可向 ChatGPT 提供文献的题录信息，要求其分析作者、发表时间、关键词分布等，从而了解该领域的研究基本特征。

b. 教师也可以提供文献的具体内容或核心段落，要求 ChatGPT 分析其中的研究方法、核心观点和发现等，以便迅速识别研究的趋势与空白点。通过这些辅助分析，教师能够高效地完成对相关文献的系统化梳理。

3.3.3 ChatGPT 辅助撰写研究现状

在一线教师开展科研活动时，撰写研究现状是一项重要但很耗时的工作。通过 ChatGPT 撰写研究现状，可以为我们提供一个有价值的初步框架，快速构建理论框架的整体认识，特别是帮助我们梳理基础概念、发展脉络和经典研究成果等相对稳定的知识内容，这也是 ChatGPT 作为研究助手的强大优势。

在撰写相关现状时，我们也需要了解 ChatGPT 存在的明显局限，例如，它的知识库有时效性限制、缺乏具体文献引用，且无法提供详细的研究数据和实验设计细节，等等。因此，一线教师在进行研究现状撰写时，需要通过学术数据库等渠道进行文献检索和查证，以确保信息的准确性和学术规范性。

（1）对话目标

在梳理主题现状、撰写研究综述阶段，教师与 ChatGPT 互动的主要目标可以从两方面理解。a. 梳理研究领域的整体认识和基础理论，作为综述撰写的初步参考。通过互动，快速构建对研究主题的系统认知，包括基础概念界定、理论发展脉络和重要研究成果等内容。b. 撰写结构完整的研究综述，并结合学术数据库的检索结果进行验证和完善。

（2）提示语设计

当需要 ChatGPT 帮助梳理主题现状和撰写研究综述时，提示语的设计可以结合目标需求突出两个主要特征：a. 在梳理理论框架时，提示语需要体现总结核心概念、主要理论观点和典型实践案例等问题需求；b. 在撰写综述时，提示语应突出写作结构的具体要求，如需要生成的文本类型及其具体用途、明确文本的组织框架（如引言、主体、总结）及各部分应包含的具体内容要素、说明文本的呈现形式（如自然段）和引用标注要求。

基于以上特征，提示语设计模板如下。

● 梳理研究框架的提示语模板：

"请帮我梳理［研究主题］领域的主要研究框架，包括核心概念、主要理论观点和典型实践案例。"

● 研究现状综述写作的提示语模板：

"请帮我撰写一篇［研究主题］的研究现状综述，要求如下：

a. 总体要求：字数［具体字数］，采用［具体格式］形式，引用采用［格式要求］

b. 结构安排：

(a) 引言：阐述研究主题的概念界定、研究意义和文献检索方法。

(b) 主体：分析相关理论研究、实践应用研究、创新方法研究等方面的现状。

(c) 总结：归纳研究趋势、指出研究不足，并引出研究切入点。

以下是所需分析的具体文献资料：［提供文献内容］"

(3) 对话示例

在协作支架研究的案例中，鲁老师希望通过 ChatGPT 的帮助，初步了解研究主题的相关理论及现状，包括核心概念、相关研究理论观点，以及典型实践案例等。她应用了"梳理研究框架的提示语模板"，设计了下面的问题，与 ChatGPT 进行了对话。

> **鲁老师：** 请帮我梳理"提升学生协作意识和互动质量的协作学习支架设计与实践"的主要研究框架，包括核心概念、主要理论观点和典型实践案例。

---

⑤ ChatGPT（部分回答）

核心概念

　　协作学习是一种通过小组合作促进学生共同完成任务、提升学习成效的学习方式，强调学生间的互动。然而，在实践中，学生的协作意识和互动质量往往较低，影响了协作学习的效果。为此，学习支架作为一种外部支持手段被引入，以帮助学生逐步发展独立解决问题的能力。学习支架理论源于维果茨基的"最近发展区"概念，旨在通过提供适当支持使学生能够完成原本难以独立完成的任务。协作学习中的学习支架设计主要包括认知支架、元认知支架和情感支架等多种类型，旨在通过合理的支持和引导，提升学生的协作意识和互动质量。

主要理论观点

　　关于协作学习的研究，现有文献主要探讨了协作学习对学生学业成绩和社交技能的影响，以及小组成员在协作中的角色分配和互动模式对学习效果的关键作用。研究普遍表明，协作学习能够有效促进学生的学术成就和社交发展，但在协作意识和互动深度方面仍存在问题。通过引导式提问、角色扮演等策略，部分研究尝试激发学生的参与积极性和深度互动。

在学习支架的研究中，现有观点认为学习支架能够有效支持协作学习过程中的认知、元认知和情感需求，帮助学生更好地理解任务、规划和监控协作过程。研究者强调，合理设计和逐步撤除支架，可以促进学生从依赖外部支持向独立解决问题的过渡，从而提升协作学习的质量。此外，针对提升协作意识和互动质量的支架设计，教师往往使用小组任务分解、引导性问题以及情感激励等手段，增强学生的责任感和合作动机。

典型实践案例

（以下略）

从 ChatGPT 的回答来看，在核心概念的界定上，其对"协作学习""学习支架""协作意识"和"互动质量"这四个概念进行了清晰的内涵解释并建立了逻辑关联；理论梳理为鲁老师的学习支架研究提供了有力参考；典型案例的经验总结也为支架设计提供了实践依据。这些分析有助于鲁老师快速全面地构建对研究主题的整体认识，也可以作为后续撰写正式的研究综述提供参考。

（4）应用建议

教师在实际科研中使用 ChatGPT 应采取"框架引导＋文献验证＋综述撰写"的三步策略：a. 首先利用 ChatGPT 构建研究主题的基础理论框架，包括核心概念界定、理论发展脉络和主要研究成果等内容；b. 基于这个框架，通过学术数据库进行系统的文献检索和查证，补充具体研究细节、实验数据和最新研究成果，确保内容的准确性和学术规范性；c. 将验证后的材料提供给 ChatGPT，让其协助组织和撰写结构完整的现状综述，包括研究背景、理论基础、现状分析等核心内容，完成逻辑严密、重点突出的综述文本。

第四章

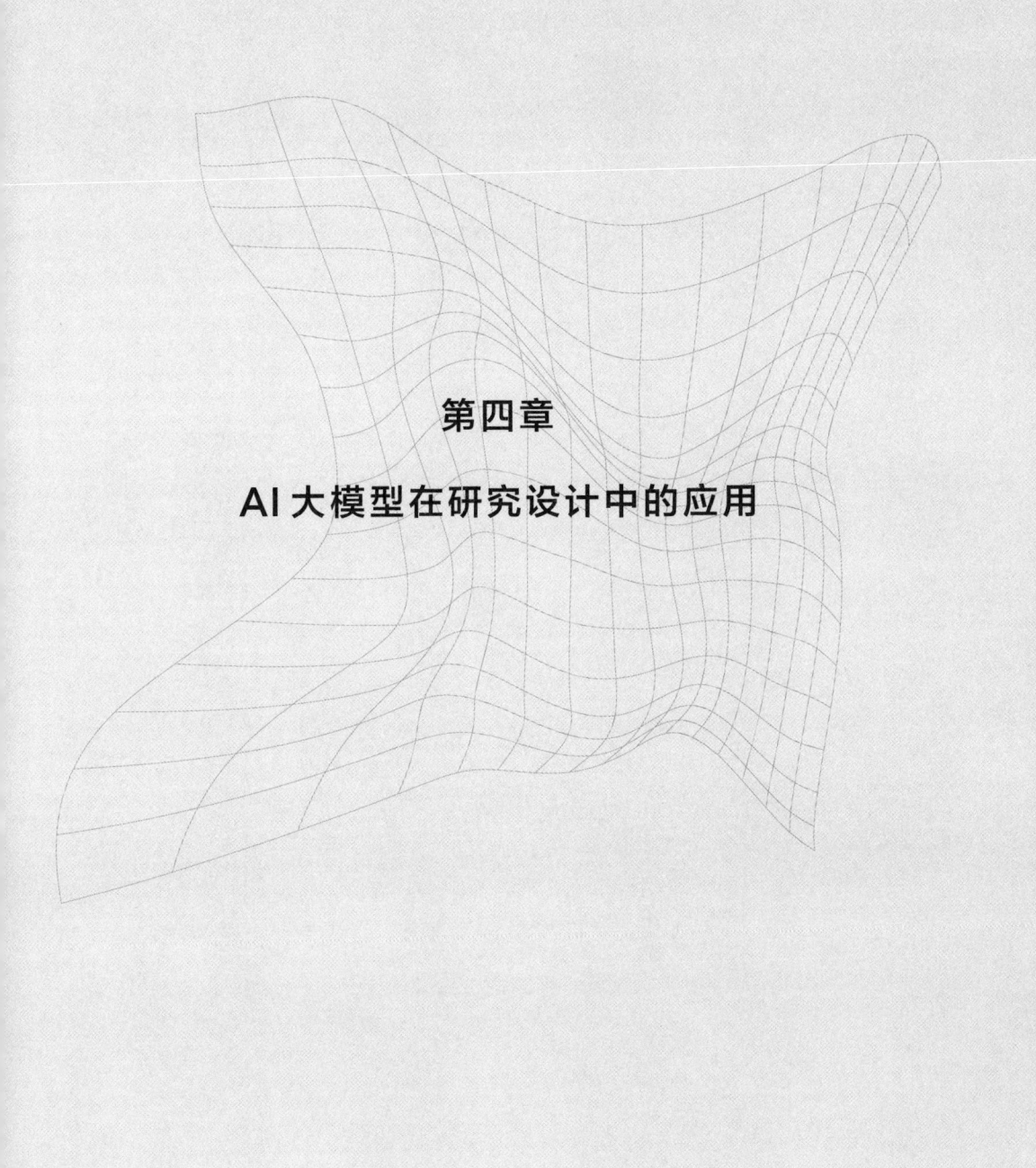

AI 大模型在研究设计中的应用

在开展教育科研时，研究设计就像一张路线图，指引着教师该如何进行研究，收集什么资料，用什么方法来收集和分析这些资料。好的研究设计能帮助教师明确研究路径，合理安排教学干预和评估手段，让整个研究过程更加有序、高效，让研究成果更有价值。在这个过程中，ChatGPT以其强大的智能分析能力，为教师的研究设计提供了新的方法和途径。

本章将围绕如何形成完善合理的研究方案，一步步引导教师明确研究内容、选择合适的研究方法、构建逻辑严谨的研究框架，并规划数据收集与分析方案。同时详解如何借助ChatGPT这一智能助手，让研究设计的过程更加规范与高效。

4.1 研究设计的基本要素

一线教师在开展教育科研时，首先需要明确研究设计的基本要素。这些要素包括我们要达成什么目标（研究目标），研究哪些具体内容（研究内容），采用什么方式开展研究（研究方法），以及如何把各个环节加以系统整合（研究框架）。这些环节环环相扣，缺一不可。

（1）确定研究目标

研究目标是指研究所希望达成的具体成果，它基于教师对研究问题的理解和背景知识设置。在中小学教育科研中，研究目标的表述应当明确具体，富有指向性，如"提高学生的科学探究能力"或"探讨合作学习对学生学习动机的影响"等。

（2）明确研究内容

研究内容指向"研究什么"，一般包括研究中涉及的教育教学理论、所设计的教学干预手段、具体实施的过程，以及如何评估研究效果等。例如，在"小组合作学习在初中课堂中的应用策略研究"这一主题中，研究内容主要涉及合作学习的理论界定、具体策略的设计与实施，以及学习效果的评估方法。

（3）选择研究方法

选择什么研究方法，取决于研究目标和研究内容。例如，如果研究目标是"通过合作学习提升学生的科学理解能力"，那么研究方法的选择应考虑如何客观衡量这些因素，如何收集和分析数据，以回答研究问题并实现研究目标。因此，该项研究的方法可能包括课堂实验，通过设计和实施合作学习活动来评估其对学生科学理解能力的影响。此外，研究方法的选择应与研究内容相匹配。例如，若研究内容涉及学生行为表现，则适合采用观察法；若涉及认知变化，则可能需要工具测量。

（4）构建研究框架

构建研究框架是指将研究目标、研究内容、研究方法等要素整合起来，通过逻辑框架或图示的方式呈现研究的整体思路和实施路径。例如，在研究"游戏化教学如何提高初中生数学学习积极性"时，研究框架应呈现：研究目标（提升学生的学习兴趣和课堂参与度）、研究内容（游戏化教学中的任务设计、奖励机制等）、研究方法（课堂观察、问卷调查、学生访谈等）以及具体实施步骤（前测—实施干预—后测—数据分析）。

在实际开展研究时，教师需要系统考虑这些环节：首先明确研究目标，然后围绕目标确定具体的研究内容，选择适当的研究方法，最后通过研究框架将各个环节有机整合。只有各个环节都经过周密设计，整个研究才能有条理、有章法地开展下去。

4.2 研究设计的步骤

研究设计的步骤通常包括：确定研究问题和研究目标、明确研究内容（包括理论研究与具体实施）、选择研究方法、构建研究框架四个步骤。

4.2.1 步骤 1：确定研究问题和研究目标

研究设计的第一步就是明确研究问题和研究目标。研究问题要做到具体、可研究且具有实践意义。在中小学教育中，研究问题常常源于课堂教学的实际需求或是对教学理论应用中的困惑。例如，针对"学生学习投入"这一教学实践中的问题，可以将其具体化为这样的研究问题："协作探究学习支架的设计如何影响初中生的学习投入？"或"课堂教学中的协作探究学习支架是否能够有效提升初中生的学习投入水平？"这样的问题表述清楚地界定了研究对象（初中生）、研究变量（协作探究学习支架、学习投入）以及研究场景（课堂教学），为整个研究的开展提供了明确的方向。

研究目标则是在研究问题的基础上进一步具体化的过程，这一过程应遵循SMART原则，即目标应当是具体的、可测量的、可实现的、相关性强的，并有明确的时间限制。对于上述研究问题，相应的研究目标可以这样描述："通过设计和实施基于协作探究的学习支架，在一个学期内提升初中生在课堂中的学习投入程度。具体表现为：a. 提高学生在课堂中的行为投入，例如，增加主动参与课堂讨论的频率；b. 增强情感投入，例如，激发学习兴趣和提高课堂参与的意愿；c. 加深认知投入，例如，提高完成深层次学习任务的质量。"这样的目标设定不仅明确了研究所希望达成的成果，同时也为后续的效果评估提供了具体的方向。

4.2.2 步骤2：明确研究内容

明确研究内容是指围绕所提出的研究问题，规划具体要研究的内容。在中小学教育科研中，研究内容通常分为两个层面：理论研究和具体实施。理论研究为整个研究提供背景和支撑，而具体实施则是将研究变为现实的操作步骤，这两个层面相辅相成，共同构成了完整的研究内容框架。

在理论研究层面，我们需要首先通过文献研究来明确研究涉及的核心概念的内涵和外延，建立起必要的理论基础，并了解相关领域的已有研究成果。例如，在进行"基于项目式学习提升初中生科学素养"的研究时，首先要界定"项目式学习"和"科学素养"的具体含义，梳理支持这两个概念的相关理论，分析已有的实践经验和研究成果。在进行这些概念的界定时，建议参考权威文献，采用学术上公认的定义，同时结合教学实际给出更加具体的操作性定义，以便在研究中更好地应用。

在实施内容的层面上，我们需要把研究目标转化为能够具体执行的研究步骤。这包括设计研究的各个环节、确定研究对象和范围，以及制定研究的时间进度表等。例如，"基于项目式学习提升初中生科学素养"的研究内容可以包括：设计适合初中生的项目式学习教学方案、开发评价学生科学素养的工具、实施教学干预、收集学生在学习过程中的数据，以及对教学效果进行分析等。这些具体内容需要详细的规划，以保证研究能够系统化地进行并具备可操作性。

4.2.3 步骤3：选择研究方法

研究方法是贯穿整个研究过程的一条主线，把从问题确定、研究目标的制定、到研究内容的设计等各个方面紧密地联结在一起。它决定了如何具体实施研究，以实现既定的研究目标和回答研究问题。研究方法可以是定量的（比如实验、调查问卷），也可以是定性的（比如访谈、观察），甚至是两者结合的混合方法。定量方法适合用来评估教学干预的效果，而定性方法则可以帮助深入了解学生在学习过程中的体验和感受。混合方法适合用于需要全面理解复杂现象、验证和解释研究结果或者希望同时把握研究过程与结果的情境。

在中小学教育科研中，常见的研究方法包括案例研究、行动研究、调查研究和准实验研究等。每种方法都有其独特的方法论特征，这些特征包括它们的理论基础、研究的目标和导向、研究过程的设计、数据的收集和分析方式，以及研究者在整个过程中的角色等。这些不同的特征决定了各种方法的适用情境和研究价值。例如，行动研究特别适合教师在自己教学环境中进行的研究，以解决实际教学问题；而准实验研究则更适合于需要比较不同干预效果的研究。

表4-1对中小学常用的几种教育研究方法进行了比较，帮助教师了解每种方法的特征及其适用的研究情境。本书在第5至第8章中将对这些方法进行详细的专题讲解，同时结合如何在研究中有效地使用ChatGPT，为教师提供更加全面和深入的指导。

表4-1 中小学常用教育研究方法的特征比较

类　　别	特　　征
案例研究	● 理论基础：基于解释主义范式，强调对特定情境或问题的深入理解和描述。 ● 问题导向：通常用于探究复杂的教育现象、特殊案例，以及创新教学方法或教育干预的实施过程和效果。 ● 过程设计：多为线性设计（尽管可能有反复观察），深入分析典型案例，既可以是单一案例，也可以是多案例比较，研究结果往往能间接影响教育实践。 ● 数据收集和分析：综合使用多种数据源，如观察、访谈、文档分析等，对情境进行详细描述和分析，包含一定的定量数据。 ● 研究者角色：研究者通常作为观察者参与，不直接干预研究对象。

续 表

类 别	特 征
行动研究	● 理论基础：基于批判理论和建构主义范式，重在解决问题和改进实践。 ● 问题导向：直面教育实践中的具体问题，旨在推动学校教育的改进，并促进教师的专业成长。 ● 过程设计：采用计划、行动、观察和反思的循环模式，研究结果直接应用于教育实践的改进。 ● 数据收集和分析：灵活运用多种方法，包括参与式观察和反思日志，注重对教育实践的反思和解释。 ● 研究者角色：教师既是研究者也是实践者，主动参与并推动教育实践的改进。
调查研究	● 理论基础：基于实证主义范式，追求对教育现象的客观理解和普遍性规律的探索。 ● 问题导向：适用于探究大范围的教育现象和趋势，如学生学习态度、教师教学方法的普遍性。 ● 过程设计：通常采用横断面或纵向设计，通过问卷、访谈等方式收集数据。 ● 数据收集和分析：侧重收集大规模的定量数据，采用统计分析方法进行处理。 ● 研究者角色：研究者保持客观中立，避免对研究对象产生任何干预。
准实验研究	● 理论基础：基于实证主义范式，强调对因果关系的验证。 ● 问题导向：适用于检验特定教育干预措施或教学方法的效果。 ● 过程设计：通常通过严格地控制变量，设置实验组和对照组，并进行前测和后测。 ● 数据收集和分析：主要收集定量数据，使用统计方法来分析干预效果。 ● 研究者角色：研究者对实验条件进行严格控制，尽量减少主观因素的影响，确保实验的有效性。

从表4-1的比较中可以看出，每种中小学教育研究方法都有其独特的特点和适用情境。案例研究注重对特定教育现象的深入理解，强调通过多种数据源进行全面分析，适合于探索教育中的复杂现象和特殊案例。而行动研究则更加直接地面向教育实践，采用循环反思的方式，帮助教师及时改进教学效果，这使其非常适用于教学改革和教师的专业发展。

调查研究则侧重于对教育现象进行大范围的数据收集，追求结果的普遍性和客观性，适用于探索学生学习态度、学校教育现状等方面的普遍趋势。相较之下，准实验研究以验证因果关系为目标，强调通过实验组和对照组的比较来评估教育干预的效果，适合在相对可控的条件下检验某种教学方法的有效性。

这些研究方法在理论基础、问题导向、过程设计、数据收集与分析，以及研究者的角色方面各具特色。教师在选择研究方法时，需要根据自身的研究目标和具体的教学环境，找到最适合的研究路径。

4.2.4 步骤4：构建研究框架

在教育研究中，构建一个清晰的研究框架对于指导整个研究过程极为重要。那么，如何具体构建研究框架呢？以"提升初中生学习投入的协作探究支架设计"这一研究主题为例，研究框架的搭建过程如下。

首先，需要明确研究问题和研究目标。这是构建研究框架的起点，研究者要清晰界定要解决的问题是什么，期望通过研究达成什么样的目标。如在上述研究中，目标是通过设计协作探究支架，提升学生的学习投入程度，具体体现为学生在认知、行为和情感方面的学习投入。

其次，需要深入梳理相关理论和文献。通过现状分析，研究者可以了解该领域的已有研究成果，找到适合的理论模型作为研究的理论基础。例如，在协作探究研究中，已有理论将协作探究过程分为三个阶段和六个活动过程，这些理论为支架设计提供了重要依据。同时，文献梳理也帮助确定了"协作探究支架"和"学习投入"等核心概念及其关系。

再次，在具体的框架构建过程中，研究者还需要设计研究工具和实施策略。这包括教学层面所需的工具和方法，以及研究层面的数据收集与分析工具。在示例研究中，设计了任务理解表、团队计划表等探究支架工具，同时规划了学习投入量表、访谈提纲等数据收集工具。这些工具和方法的设计应该相互配合，共同服务于研究目标的达成。

然后，需要将研究框架以图示的形式呈现出来。一个好的研究框架图应该能够清晰展示研究过程中各个要素之间的关系，包括理论基础、研究变量、实施路径以及预期成果等。如图4-1所示的研究框架清晰展现了协作探究流程、支架设计和学习投入三个维度之间的逻辑关系，有助于直观理解研究的整体设计。

最后，研究者需要对构建的框架进行反思和修正。这包括检验框架的逻辑性、研究工具的适切性、实施方案的可行性等。在示例研究中，需要仔细评估各类支架工具是否能有效支持协作探究活动的开展，并根据实践反馈进行必要的调整和完善。

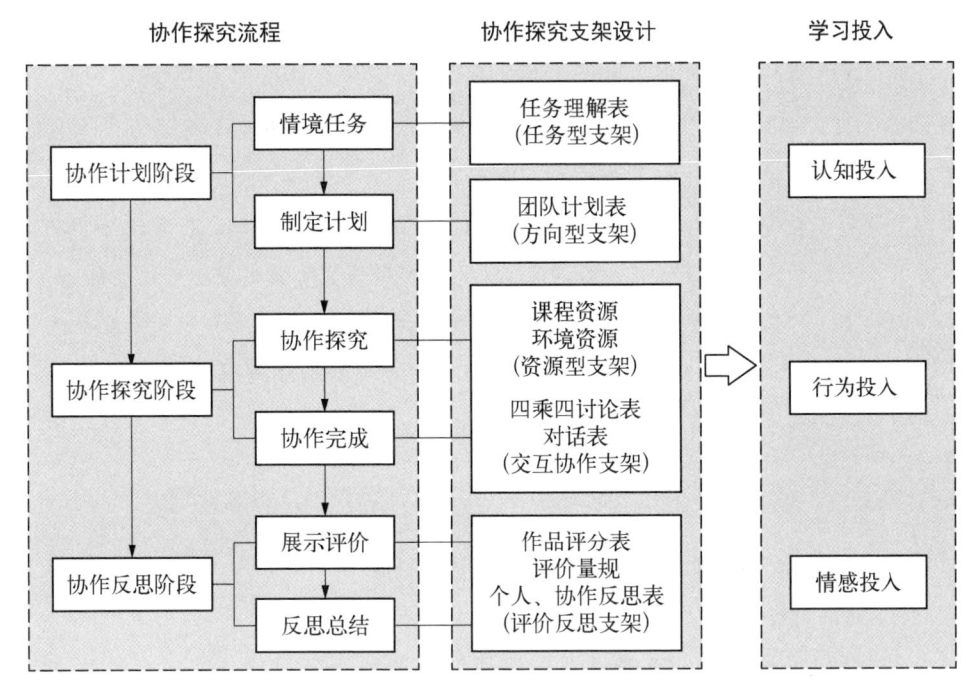

图 4-1 "提升学习投入的协作探究支架设计"的研究框架

一个科学合理的研究框架能够为整个研究过程提供清晰的指导。它不仅帮助研究者明确研究的整体思路，还为研究的具体实施提供了可操作的路径。结合上述研究案例的分析，我们可以看到，研究框架的构建需要在理论指导下，细致规划每一个环节，包括研究目标的设定、研究内容的具体细化、研究方法的选择，以及数据收集与分析策略的安排等，确保框架的严谨性和可行性。

4.3 ChatGPT 辅助研究设计的方法

在一线教师进行研究设计的阶段，从确定研究问题并明确研究目标，到规划研究内容、方法并制定研究框架，再到规划研究数据收集与分析方案，ChatGPT 都能够给予充分的帮助。本节结合研究设计的三个关键环节：确定研究问题和研究目标、明确研究内容与研究框架、规划数据收集与分析方案，结合具体案例，围绕教师与 ChatGPT 进行对话的"对话目标、提示语设计、对话示例及应用建议"展开分析。

【案例描述】

季老师在初中语文阅读教学中发现学生缺乏系统性思维，表现为难以把握文章结构、理不清脉络、无法有效梳理和提取关键信息，缺乏对文本的整体理解。为解决这些问题，她计划将思维导图应用于阅读教学。在明确研究问题与目标阶段，借助 ChatGPT，季老师确认了系统性思维缺失的研究价值，并从认知理论和教学实践两方面评估了思维导图的应用必要性，确定了"应用思维导图提升初中生阅读理解能力"的研究主题；在规划研究内容阶段，ChatGPT 从理论基础、教学设计和实践应用三个方面帮助她梳理研究内容，确定采用准实验研究和案例分析相结合的方法，并协助构建了"思维导图支持的阅读教学模型"；在设计如何获取和分析研究数据阶段，季老师与 ChatGPT 合作设计了数据收集方案，包括阅读理解测试、课堂观察、学生访谈等，制定了定量与定性相结合的数据分析策略。通过这一系列步骤，季老师确定了完整的研究设计方案。

4.3.1 ChatGPT 辅助确定研究问题和研究目标

（1）对话目标

在进行研究设计时，首先需要明确研究问题和研究目标。这一阶段教师与 ChatGPT 的互动对话的主要目标是明确和完善研究问题，分析其研究意义和可行性，并将初步的研究问题转化为具体可操作的研究目标。这一过程主要包括对研究问题的价值评估和对研究目标的可操作性分析。

（2）提示语设计

在这一阶段，教师需要基于实际观察提供翔实的问题描述，并明确提出分析需求。所使用的提示语应体现三个特征：a. 问题描述具体，即清晰呈现教学情境和具体问题表现；b. 分析维度明确，即指出需要从哪些角度进行分析评估；c. 研究诉求清晰，即明确表达期望获得的建议类型。可采用以下提示语模板：

"我是一名［学段］［学科］教师，在教学实践中发现［具体教学现象/问题］。这个问题主要表现为［描述具体表现］，可能的原因包括［初步分析］。请帮我：1）分析这个问题的研究价值；2）从理论和实践两个维度评估研究的必要性；3）提出具体研究问题和研究目标。"

（3）对话示例

在思维导图研究案例中，季老师希望通过 ChatGPT 的帮助，确定研究问题和研究目标。参考以上提示语，她应用上述提示语模板，设计了下面的问题，与 ChatGPT 进行了对话。

季老师：我是一名初中语文教师，在教学实践中发现学生在阅读理解时缺乏系统性思维。这个问题主要表现为学生难以把握文章结构、理不清文章脉络、无法有效梳理和提取关键信息，缺乏对文本的整体把握能力。可能的原因包括：阅读方法单一、缺乏有效的思维工具支持、教师指导不够系统化。请帮我：

1. 分析这个问题的研究价值。
2. 从理论和实践两个维度评估研究思维导图辅助阅读教学的必要性。
3. 提出关于思维导图在初中语文阅读教学中应用的研究问题与研究目标。

⑤ ChatGPT（部分回答）

1. 问题的研究价值（略）

2. 思维导图辅助阅读教学的必要性评估

（1）理论维度：

　　教育心理学：奥苏贝尔的有意义学习理论和布鲁纳的认知结构理论都强调知识的组织和结构对学习的促进作用。思维导图作为一种可视化工具，帮助学生将分散的信息结构化，有助于提高理解和记忆。

　　信息加工理论：大脑更容易记住结构化和可视化的信息，思维导图能够帮助学生在阅读过程中建立清晰的文章脉络，进而提高信息处理效率。

（2）实践维度：

　　提高课堂效率：在课堂中使用思维导图能使教师的指导更加系统化，学生可以通过构建图示将学习内容组织起来，进而提高学习的参与度和主动性。

　　学生反馈和接受度：思维导图作为学习工具简单易用，学生在实践中容易掌握，并能快速看到其带来的益处，有利于推动学生积极参与阅读和理解。

3. 研究问题与研究目标：

（1）研究问题：

　　思维导图在初中语文阅读教学中是否能显著提高学生的阅读理解能力？

　　学生在使用思维导图进行阅读理解时，在哪些方面体现了进步（如文章结构把握、信息提取、脉络分析等）？

> 学生和教师在使用思维导图辅助阅读教学的过程中遇到了哪些挑战和反馈?
> (2) 研究目标:
> 　　探讨思维导图在初中语文阅读教学中的具体应用方式,验证其在阅读理解中的有效性。
> 　　分析学生在使用思维导图辅助阅读后的理解能力变化和学习体验。
> 　　评估在课堂中引入思维导图后对教师指导和教学效率的影响,并总结可行的实施策略。

在 ChatGPT 的回答中,给出了研究价值分析、必要性评估和研究问题与研究目标的建议,为季老师进行后续研究规划和实施研究提供了清晰的方向。

（4）应用建议

明确研究问题和确定研究目标是一个循序渐进的过程。ChatGPT 作为智能助手,可以在这个过程中帮助教师分析问题的研究价值,评估研究的可行性,提供多个可能的研究切入点,并协助制定研究目标。在这个过程中,教师应采取"描述—分析—选择"的策略:首先向 ChatGPT 提供详细的问题描述和初步分析;然后获取 ChatGPT 的系统评估和建议;最后结合自身教学经验和实际情况,从 ChatGPT 提供的多个研究问题和目标中选择最适合的切入点,形成明确的研究问题和具体的研究目标。通过这种循序渐进的方式获得全面的问题分析,不断完善和优化自己的研究构想。

4.3.2 ChatGPT 辅助明确研究内容和研究框架

（1）对话目标

在进行研究设计的过程中,在明确研究内容和研究框架阶段,教师与 ChatGPT 互动的主要目标是构建包含理论基础、研究内容、研究方法和预期成果的完整研究框架,明确各研究要素之间的逻辑关系,形成系统的研究规划。

（2）提示语设计

在这一阶段,教师在使用提示语时,应指出已确定的研究方向,表达对研究框架各要素的具体需求,并说明期望获得的方法论建议。有效的提示语应明确研究主题、提出具体的框架需求、方法选择要求,以及清楚的理论支撑要求。可以参考以下提示语模板:

"基于[研究主题],请帮我:1) 梳理该研究需要的理论基础;2) 从[具体维度〕设计研究内容框架；3）针对各研究内容推荐适用的研究方法；4）说明理论基础、研究内容、研究方法之间的对应关系；5）分析该研究框架的合理性。"

（3）对话示例

在思维导图研究案例中，季老师应用上述提示语模板，设计了下面的问题，与ChatGPT 围绕研究内容的确定和研究框架的构建展开了对话。

> **季老师**：我要研究的主题是"思维导图在初中语文阅读教学中的应用"，研究目标是"提升学生的阅读理解能力"。请帮我：1）规划主要的研究内容；2）针对各研究内容推荐适用的研究方法；3）设计具体的研究框架（包含研究问题、目标、内容、方法等）。

---

⑤ ChatGPT

1. 主要研究内容

（1）思维导图辅助阅读教学的理论基础与现状分析
- 方法：文献研究，对国内外相关研究进行梳理
- 内容：认知理论支撑、已有研究成果、实践经验总结

（2）初中生阅读理解现状与问题诊断
- 方法：问卷调查、课堂观察、学生作业分析
- 内容：阅读能力测评、问题归类、成因分析

（3）基于思维导图的阅读教学模式设计
- 方法：行动研究、教学实验
- 内容：教学策略设计、课例研究、实施效果分析

（4）思维导图应用效果评估
- 方法：对比实验、量化分析、质性研究
- 内容：前后测对比、学生访谈、案例分析

2. 具体研究框架

（1）研究问题
- 思维导图如何提升初中生的阅读理解能力
- 不同类型文本中思维导图的应用策略

> - 教师如何有效指导学生运用思维导图
>
> （2）研究目标
> - 构建系统的思维导图辅助阅读教学模式
> - 形成可操作的教学策略
> - 验证应用效果
>
> （3）研究内容与方法对应
>
> 第一阶段：理论研究（文献研究）：
>
> 梳理理论基础；分析研究现状；总结实践经验
>
> 第二阶段：现状调查（问卷、观察、测试）
>
> 学生阅读能力诊断；教师教学现状分析；问题与需求确认
>
> 第三阶段：实践研究（行动研究、教学实验）
>
> 教学模式设计与实施；教学策略开发与应用；典型案例分析
>
> 第四阶段：效果评估（实验研究、量化分析）
>
> 学生能力提升分析；教学效果评估；推广价值验证

在ChatGPT的回答中，研究内容涵盖理论研究、现状调查、实践研究和效果评估的完整研究链条；研究框架的搭建从问题到目标，再到内容与方法逐层深入，这样的回答能帮助季老师理清研究思路，建立清晰的研究规划。

（4）应用建议

在使用ChatGPT明确研究内容和研究框架时，教师应采取"框架构建—方法匹配—内容细化—关系分析"的策略，包括：a. 获取整体框架建议；b. 为各研究内容匹配适当的研究方法；c. 细化具体内容；d. 分析各要素间的逻辑关系。在这个过程中，教师需要结合研究条件和实际情况，对ChatGPT的建议进行调整优化，确保研究框架的完整性和可行性。

4.3.3 ChatGPT辅助规划数据收集与分析方案

（1）对话目标

数据收集与分析方案的规划具有系统性特征，需要考虑数据类型、收集方法、分析工具等多个要素。在规划数据方案阶段，教师与ChatGPT互动的主要目标是设计科学的数据收集工具和完善的数据分析方案。通过对话，获得数据收集工具（如问卷、访谈提纲、观察量表等）的设计建议、数据分析方法的选择建议，以及数据处理的具体步骤指导。

（2）提示语设计

在这一阶段，教师使用提示语时，需要说明研究的具体问题和变量、期望收集的数据类型、预期的分析目标，并明确提出对数据收集工具设计或数据分析方法的具体需求。可参考以下提示语模板：

"基于［研究问题］，我需要收集［具体数据类型］，请帮我：1）设计合适的数据收集工具（包括维度设计、题项设计等）；2）推荐适用的数据分析方法；3）提供详细的数据处理步骤。"

（3）对话示例

在思维导图研究案例中，季老师应用上述提示语模板，设计了以下问题，并围绕数据收集和分析方案，与ChatGPT展开了对话。

季老师：基于"思维导图在初中语文阅读教学中的应用"，我需要收集思维导图应用效果的相关数据，请帮我：1）设计合适的数据收集工具（包括维度设计、题项设计等）；2）推荐适用的数据分析方法；3）提供详细的数据处理步骤。

⊛ ChatGPT

1. 数据收集工具设计

主要使用三类工具收集数据：

(1) 阅读理解能力测试：包括文章结构把握、主旨理解、信息提取三个维度的测试题。
(2) 学生问卷：包含思维导图使用体验（3题）、学习兴趣变化（3题）、自评能力提升（4题）等维度的5点量表题。
(3) 课堂观察量表：记录学生使用思维导图的熟练度（3项）、参与度（3项）、完成质量（4项）。

2. 数据分析方法推荐

(1) 定量分析：配对样本t检验：比较实验前后阅读能力测试成绩；描述性统

> 计：分析问卷各维度得分；相关分析：探讨思维导图使用与阅读能力提升的关系。
> (2) 定性分析：课堂观察记录的主题分析；典型案例分析。
>
> **3. 数据处理步骤**
> (1) 第一阶段：数据整理：建立编码系统；录入原始数据；数据清洗与筛选。
> (2) 第二阶段：数据分析：计算测试成绩变化；统计问卷各维度得分；进行相关性分析；整理观察记录。
> (3) 第三阶段：结果解释：量化分析结果说明；质性资料分析；综合结果讨论。

ChatGPT 的回答内容覆盖了数据收集、分析方法和处理步骤的实施要点和具体操作步骤，这些内容能帮助季老师建立系统的数据方案，当需要深入了解具体要点时，还可以通过如"请解释如何进行配对样本 t 检验"等问题获得具体的操作指导。

（4）应用建议

在通过 ChatGPT 规划数据方案时，教师在应用过程中应采取"工具设计—方法选择—步骤规划"的策略，具体流程包括：a. 确定适合的数据收集工具并完成初步设计；b. 选择合适的数据分析方法；c. 制定具体的数据处理步骤。在这个过程中，教师需要结合研究目标和实际条件，对 ChatGPT 提供的建议进行适当调整，确保数据方案的可行性和针对性。特别注意数据收集工具的信度要求，以及数据分析方法与研究目标的匹配度。

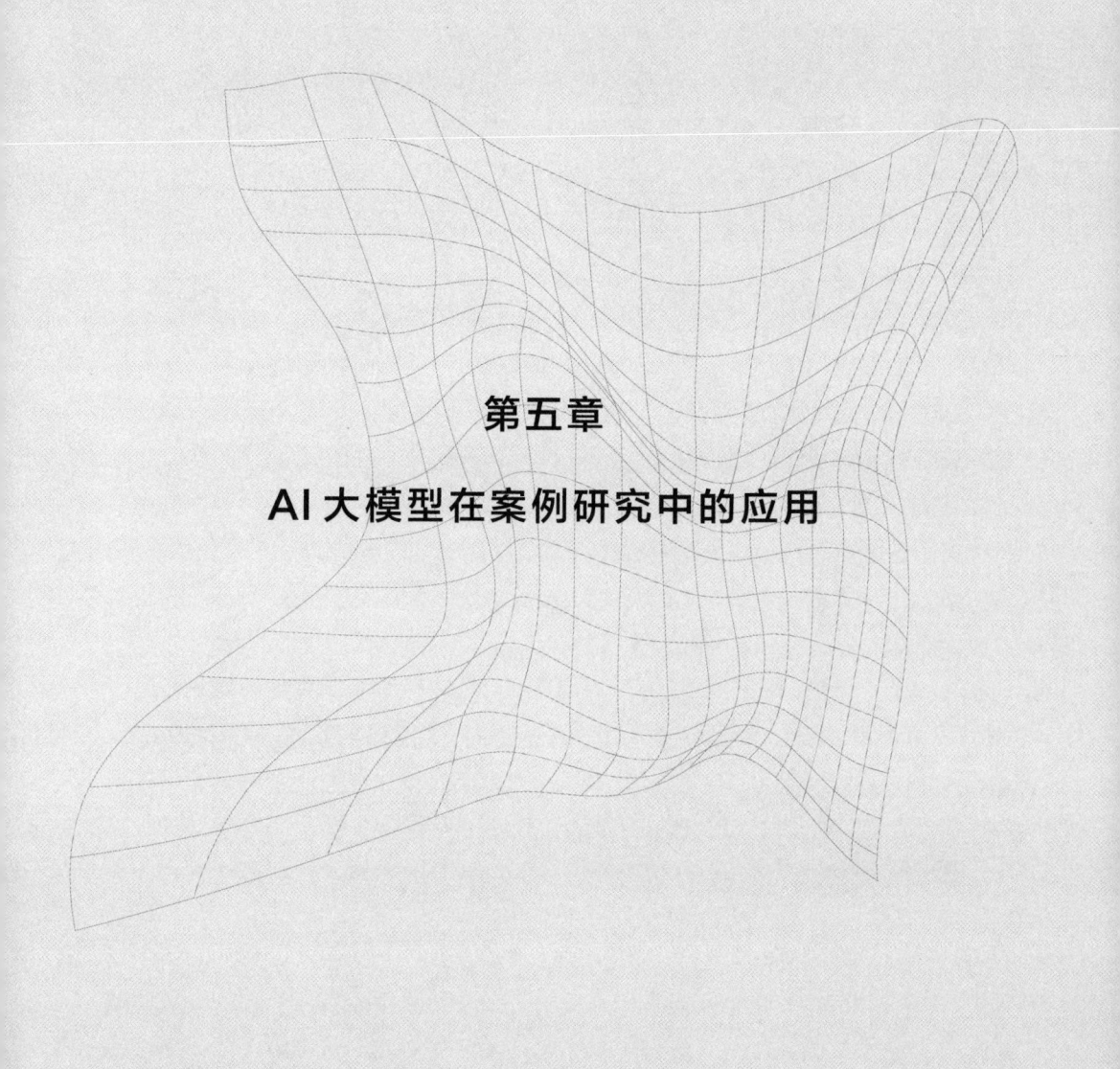

第五章

AI 大模型在案例研究中的应用

教师在日常教学实践中经常遇到需要深入研究的问题和现象。案例研究作为一种研究方法，通过深入观察和分析真实的教学情境，帮助教师系统地探索和解决这些教育问题。因此，案例研究在中小学教育科研中具有独特的优势。本章将结合教育案例研究的特征，结合实例分析开展案例研究的具体步骤，并进一步探讨如何运用 ChatGPT 来辅助教师更高效地开展案例研究。

5.1 案例研究概述

5.1.1 案例研究的概念

在中小学教育科研中，案例研究是指教师在真实的教育情境中，针对特定的研究对象（如一个班级、一名学生或某项教学策略）进行系统、深入的研究。根据研究目的的不同，案例研究可以分为以下三种类型。

（1）探索性案例研究：主要用于探索和发现新的教育现象或问题。例如，当一位教师观察到班上部分学生在使用数学思维训练软件时表现出独特的问题解决策略，更倾向于通过可视化方式来理解数学概念，而不是直接记忆公式时，她决定通过探索性案例研究来初步了解这种现象，收集相关信息，形成可能的解释假设。

（2）描述性案例研究：详细记录和分析教育现象的特征与过程。例如，一位教师通过描述性案例研究系统记录了班级实施项目式学习的全过程，包括学生的参与状况、小组互动方式、学习成果展示等。

（3）解释性案例研究：着重揭示教育现象产生的原因及其影响机制。例如，当某教师发现某个班级的学习氛围特别积极时，她可以通过解释性案例研究深入分析影响因素，如班级文化、教学方法、师生互动等，以理解这种积极氛围形成的内在机制。

这三种类型的案例研究并非完全独立，在实际研究中常常相互交织：教师可能从探索性研究开始，通过描述性研究积累翔实资料，最终进行解释性研究来揭示深层原因。

5.1.2 案例研究的特征

案例研究方法特别适合中小学一线教师使用，因为它专注于实际的教学情境，通过对具体个案的详细分析，帮助教师更深入地理解课堂中的实际问题，为教育实践提供有效策略，从而促进教学的持续改进。案例研究具有以下几个特点：实践导向、情境依赖、方法灵活，并以改进教学实践为目标。

(1) 实践导向性

案例研究注重深入探究教育中的实际问题，发现问题的根源，探索有效的解决策略。当我们遇到一些新的教育现象需要了解时，比如学生沉迷短视频对学习的影响，可以开展探索性案例研究；当我们想要详细了解某个教育现象的具体情况时，比如某个班级实施分层教学的过程，可以开展描述性案例研究；当我们想要深入理解某个教育现象背后的原因时，比如了解为什么某种教学方法能提高学生的学习兴趣，就可以开展解释性案例研究。

例如，一位教师发现班上学生的课堂专注力普遍不足，她决定开展解释性案例研究来分析这一现象。通过录制课堂视频、做课堂观察笔记、访谈学生和家长等多种方式收集数据，重点分析了教室环境布置、课堂活动设计、师生互动方式等因素是如何影响学生专注力的，最终找出了问题的关键所在，并提出了有针对性的建议。

从这个案例中，可以看到案例研究的实践导向性主要体现在以下几个方面：首先，研究的问题来自教学实践中的真实困惑，是教师在日常教学中迫切需要解决的问题；其次，研究过程紧密结合教学实际，通过多种方式系统收集数据，确保研究结论有可靠依据；另外，研究的目的是改进教学实践，提出的建议都是可操作的具体措施。这种研究不是为了研究而研究，而是为了更好地解决教学实践中的问题。

(2) 情境依赖性

案例研究植根于中小学教师的日常教学实践，源于教师在特定教学情境中遇到的困惑和挑战。每个教育现象都与其发生的具体情境密不可分，这要求教师在开展案例研究时，不仅要关注现象本身，更要重视对整个情境背景的深入理解和详细描述。

以一位初中历史教师的案例研究为例：马老师在一个普通班级发现学生课堂讨

论参与度低,她通过解释性案例研究深入探究这一现象。在研究中,她详细描述了班级的具体情况:这是一个文理均衡的重点中学普通班,共有45名学生,其中女生居多,学生普遍偏好理科学习;课程安排在每周二下午第一节课,正值学生精力相对不足的时段;教室采用传统的行列式座位排列;学校推行"先学后教"的教学模式,要求学生课前自主预习。在这样的具体情境下,通过课堂观察、学生问卷和个别访谈,她发现学生参与度低与多个情境因素相关:大部分学生对历史学科的重要性认识不足,预习流于形式;教室座位布局不利于开展讨论;课程时间安排影响了学生的参与积极性。

这个案例研究强调了对具体情境的详细描述和深入分析的重要性。不同的班级、不同的学校、不同的学科都有其独特的情境特点,这些都会影响教育现象的表现和解决方案的选择。

(3)方法灵活性

在中小学教育教学实践中,教师开展案例研究时,选择和运用研究方法要既灵活又实用。所谓灵活,就是要根据研究的问题、研究对象和具体情况来选择合适的研究方法,不是死板地遵循固定模式;所谓实用,就是选择的研究方法要便于操作,能够融入日常教学,帮助教师更好地了解和解决实际问题。

以一位语文老师的研究为例:王老师想探究如何提高学生的阅读兴趣。考虑到自己每天的教学任务比较重,她决定把正在进行的"整本书阅读"活动作为研究案例。为了不影响正常教学,她采用了几种简单易行的研究方法:一是设计了一个简单的阅读记录表,让学生每周填写阅读时间和感受;二是利用班级读书角的晨读时间,每周选择两天做10分钟的观察记录;三是在每月的读书分享课上,用手机录下学生的交流片段,了解他们的阅读体会和收获。整个研究过程都是在日常教学活动中自然进行的,既没有打乱教学节奏,又帮助她更清楚地了解到学生的阅读兴趣是如何逐步提升的。

从这个案例中可以看出,做案例研究不必追求特别专业或复杂的研究方法,关键是要选择那些容易操作、不影响正常教学,又能有效收集到所需信息的方法。我们可以根据实际情况灵活选用观察、访谈、问卷、作品分析等方法,或将几种方法结合起来使用。

(4)改进教学实践

案例研究的核心目标是改进教学实践,这种改进体现在两个层面:一是针对具体教学问题的解决和改进,二是促进教师的专业反思和成长。教师可以将日常教学中遇到的实际问题作为研究起点,通过系统的研究过程,找到解决方案并付诸实践,同时在这个过程中提升自己的专业能力。

以某小学语文教研组的写作教学研究为例:教研组的老师们发现学生写作兴趣普遍不高,就把这个问题作为案例研究的主题。他们先是通过观察课堂、批改作文和访谈学生等方式,了解学生写作兴趣低的具体表现和原因。在分析数据后,发现主要问题在于写作题材远离学生生活、写作过程缺乏互动和指导。针对这些问题,他们设计了基于学生生活经验的写作主题,增加了写作过程中的生生互评和师生交流环节。在一个学期的实践中,他们每两周交流一次实施情况,及时调整教学策略。期末评估发现,学生不仅写作兴趣提高了,作文水平也有明显进步。

从这个案例中可以看到案例研究如何推动教学实践的改进:一方面,研究过程是循序渐进的,从发现问题到分析原因,再到设计方案、实施和调整,每一步都建立在扎实的证据基础上;另一方面,研究过程本身就是教师专业发展的过程,参与研究的教师不仅掌握了提升学生写作兴趣的方法,更重要的是学会了如何系统地分析和解决教学问题。这种将研究与实践紧密结合的方式,既解决了具体的教学问题,又促进了教师的专业成长。

5.2 案例研究的实施步骤

在开展案例研究时,教师需要遵循五个基本步骤:确定问题与选择案例、设计研究方案、实施研究与收集数据、分析研究证据,以及撰写案例报告(如图 5-1 所示)。

| 1 确定问题与选择案例 | ▷ | 2 设计研究方案 | ▷ | 3 实施研究与收集数据 | ▷ | 4 分析研究证据 | ▷ | 5 撰写案例报告 |

图 5-1 中小学案例研究的步骤

这些步骤环环相扣、层层递进,形成了一个完整的案例研究流程。比如当我们想了解"为什么这个班的学生数学学习兴趣不高"这个问题时,就需要先明确研究问题,然后设计观察和访谈方案,再通过课堂观察、与学生交谈等方式收集信息,之后分析这些信息找出问题原因,最后把整个研究过程和发现写成报告。

虽然这些步骤看起来是按顺序进行的,但在实际操作中可能会有交叉和反复。重要的是要根据具体情况灵活调整,确保每个步骤都能达到预期的目标。下面我们来详细了解每个步骤的具体内容和操作方法。

5.2.1 步骤1:确定问题与选择案例

"确定问题与选择案例"这一步主要包括三个环节:识别问题、选择案例和确定目标。

第一个环节是识别问题。教师要从教学实践中观察和发现值得研究的现象或问题。比如某小学语文教研组在交流时发现,不同班级的古诗文朗读教学效果差异明显,有的班级学生对古诗文朗读充满热情,有的班级则兴趣不高。发现这一现象后,教研组查阅了相关教育理论和研究文献,对古诗文朗读教学和学生学习兴趣的关系有了更深入的认识,从而初步界定了研究问题的范围和方向。

第二个环节是选择案例。案例的选择需要考虑相关性、典型性、信息丰富度、可获取性和创新性这五个原则。如教研组选择了王老师和李老师的两个平行班作为研究案例,因为这两个班级的学生基础相近,两位老师都有丰富教学经验,且使用统一的教材和课时安排,具有很好的可比性。同时,他们明确界定了案例的范围,将研究时间确定为一个学期的古诗文教学过程。

第三个环节是确定目标。要根据研究问题和案例特点,确定具体的研究目标。教研组的目标是通过对比分析两位教师的教学实践,深入理解影响学生朗读兴趣和水平的关键因素,形成可推广的教学策略。在此基础上,他们进一步细化了研究问题:两位教师在朗读示范、朗读指导、朗读活动设计等方面有何不同?哪些因素导致了朗读教学效果的差异?如何帮助教师提升古诗文朗读教学的效果?这些问题既关注现象描述,也注重原因分析和解决方案的探索。

在具体操作时,教师要特别注意研究问题要源自教学实践且具有现实意义,所选案例要便于开展研究并能提供丰富信息,研究目标要明确具体,研究问题的表述要清晰准确,避免过于宽泛或笼统。

5.2.2 步骤2:设计研究方案

"设计研究方案"可以分为三个主要环节:构建案例研究框架、规划研究步骤和设计数据收集与分析方案。结合这三个环节，我们以一个典型案例来详细说明如何设计研究方案。

某初中数学小张老师注意到，她所教的两个班级中，七年级（3）班在应用数形结合的方法解决几何问题时表现特别突出。通过初步观察，她发现这个班级的学生能够自主使用图形来分析问题，解题思路非常清晰，而其他班级的学生则往往被类似的几何问题难住。这个现象引起了她的研究兴趣，于是她决定进行深入的研究。

（1）构建案例研究框架

小张老师将研究的问题确定为："七年级（3）班的学生是如何形成较强的数形结合思维能力的？"她计划通过深入观察和分析七年级（3）班在几何单元的学习过程，尤其是在"图形的初步认识"这个单元中，探索那些对学生数形结合能力发展起到关键作用的因素。

（2）规划研究步骤

她选择以七年级（3）班作为研究的对象，重点关注"图形的初步认识"这一单元的整个教学过程。她计划追踪该班级的课堂学习、课后作业完成情况以及小组讨论等各个学习环节，全面了解学生在数形结合能力方面的发展特征。这样的规划使得她能够获得一个相对完整的观察视角，对该班级学生的学习过程进行系统性的研究。

（3）设计数据收集与分析方案

为了获得丰富而全面的案例信息，小张老师设计了多种数据收集方式，包括课堂观察记录、学生解题过程录像、作业分析和学生访谈等。在数据分析方面，她计划采用质性分析方法，通过对收集到的材料进行编码和主题分析，寻找七年级(3)班学生在数形结合能力发展中的共同特征及其关键影响因素。

在设计案例研究方案时需要考虑以下要点。a. 要对研究情境进行细致描述，不仅要呈现表面的现象，更要深入挖掘其独特性和典型特征。b. 在资料收集过程中，要坚持多角度、多方法的原则，通过丰富而翔实的资料全面展现案例的整体情况。c. 在分析过程中要保持开放和敏锐的态度，既要关注预设的问题，也要对可能出现的新现象保持敏感。d. 在得出研究结论时，要立足于案例本身，准确把握案例的特殊性，避免过度推论和一般化。

5.2.3 步骤3：实施研究与收集数据

"实施研究与收集数据"是案例研究的核心环节，包含三个关键要点：开展研究实施、进行多元数据收集、保持动态调整与反思。这一过程直接影响着研究结论的可靠性，需要研究者严谨操作、认真记录。

以某中学教师王老师的研究为例。她注意到班上有一位学习成绩优秀但极少主动发言的学生小李，这个现象引起了她的关注。为了深入理解这一现象背后的原因，她开展了为期一学期的个案研究。

在研究实施阶段，王老师重点观察小李在不同课堂情境下的表现。她发现小李在小组讨论时会积极参与，但在全班发言环节则显得格外谨慎。通过与其他任课教师交流，她了解到小李在其他课堂上也呈现类似特点。

在数据收集环节，她采用了多种方式：一是对小李在不同课型、不同活动中的表现进行细致观察记录；二是收集小李的作业、课堂笔记等文字材料；三是分别与小李、其他任课教师、同学进行访谈；四是让小李写周记，记录自己的课堂感受。这些多元的数据为理解现象提供了丰富的素材。

在研究过程中，王老师保持开放和灵活的态度。当她发现小李在某些特定情境下会表现得更为活跃时，她会及时调整观察重点，深入了解这些情境的特点。同时，她也注意到小李的课下交际能力很强，这一意外发现促使她拓展了研究视角。

在"实施研究与收集数据"的过程中，需要注意以下几点。a. 要建立完整的记录体系，包括观察日志、访谈记录、文献资料等，确保数据的系统性和可追溯性。b. 要及时整理和预分析收集到的资料，根据分析结果调整后续的研究方向和方法。c. 要保持研究者的敏感性，既要关注预设的研究问题，也要对新发现保持开放态度，及时捕捉有价值的信息。

5.2.4 步骤4：分析研究证据

"分析研究证据"是将收集到的材料整理归纳，形成有价值发现的环节。在案例研究中，我们通常会收集到课堂观察记录、访谈内容、学生作业、教学日志等多种材料。这些材料记录了教学实践的具体细节，需要通过系统分析才能发现其中的规律和意义。

以某小学数学教师张老师的研究为例。她注意到班上几位学生在解应用题时总是出现类似的错误。为了找出问题原因并改进教学，她收集了这些学生近两个月的课堂表现记录、作业本、课堂录像以及与学生的谈话记录。

在分析这些材料时，张老师采用了以下方法：首先，她将学生解题过程中的错误进行分类整理，发现大多数错误都出现在理解题意环节；接着，她对比了学生在不同时期解题的变化，发现当题目包含图示时，学生的正确率明显提高。通过与学生的谈话记录，她进一步确认了学生在将文字转化为数学关系时存在困难。

为了确保分析的准确性，张老师经常将自己的观察发现与其他教师讨论，并反复查看收集的材料，特别是学生的作业和课堂录像，以验证自己的判断是否准确。这种多角度的分析帮助她更准确地理解了问题的本质。

在进行案例研究的数据分析时，需要注意以下几点。a. 要仔细阅读所有收集的材料，做好记录和整理工作，便于后续查找和使用。b. 要善于发现材料中反复出现的现象或特点，这些往往是重要的线索。c. 要结合教学经验和教育理论来解释发现的现象，思考背后的原因。d. 在得出结论时要谨慎，确保有充分的材料支持。

5.2.5 步骤 5: 撰写案例报告

"撰写案例报告"是将研究过程和发现清晰呈现的环节。与一般教育研究论文相比，案例研究报告更注重描述具体情境、过程和细节，通过生动的叙述展现教育实践的真实面貌。报告撰写需要突出案例的特点，详细记录研究过程，并对发现进行深入分析。

以王老师的初中英语课堂研究为例。她发现班上有几位学生虽然掌握了大量词汇和语法知识，但在口语交际时表现胆怯。为了探索这一现象并寻求改进方法，她开展了为期一学期的案例研究。在撰写研究报告时，她首先详细介绍了选择这些学生作为研究对象的原因：他们代表了"哑巴英语"这一典型现象，且存在改进的可能性。

王老师在报告中系统呈现了她的研究过程。她记录了课堂观察笔记、学生访谈内容、课堂录像资料等多种证据。通过这些材料，她发现了影响学生开口说英语的多个因素，包括害怕犯错、缺乏自信、担心同学笑话等。在实施改进策略时，她采用了小组活动、角色扮演等方法，并详细记录了学生的反应和变化。

在撰写案例研究报告时，需要注意以下具体要求。a. 开头要交代研究背景和目的，说明为什么选择这个案例，它有什么特别之处。b. 描述研究过程时要具体翔实，包括课堂情况、师生互动、学生表现等。c. 呈现研究发现时要用具体事例来支撑，可以引用学生的原话或课堂实录。d. 分析问题要深入，不仅说明是什么，还要探讨为什么。e. 讨论研究的局限性，比如这些发现是否适用于其他班级或学校。f. 最后要在总结研究的基础上，对同类问题提出建议。

5.3 ChatGPT 辅助案例研究的方法

在一线教师开展案例研究的各个阶段，从确定问题与选择案例、设计研究方案、实施研究与收集数据，到分析研究证据以及撰写案例报告，整个过程都可以通过与 ChatGPT 互动获得帮助。本节结合案例研究过程的三个关键环节：选择案例、收集与分析数据和撰写案例报告，结合具体案例，围绕教师与 ChatGPT 进行对话的"对话目标、提示语设计、对话示例及应用建议"展开分析。

【案例描述】

教授高中历史的马老师在课堂上观察到学生讨论历史事件和人物时参与度不高，为了探索如何解决这一问题，决定开展一个学期的案例研究。在 ChatGPT 的帮助下，马老师确定了以"历史课堂讨论中的学生参与度问题"为研究主题，选择一个班级作为研究对象，通过为期一学期的深入观察和分析，探究学生在"五四运动"等历史单元学习中参与讨论的现状、影响因素和有效的教学策略。在收集与分析数据阶段，她借助 ChatGPT 设计了课堂观察等研究工具收集数据，并得到了数据分析的建议。最终完成了案例研究报告撰写。

5.3.1 ChatGPT 辅助选择案例

（1）对话目标

在选择案例阶段，教师主要围绕分析案例价值和规划研究方案与 ChatGPT 展开对话，互动的目标是选择适合案例研究的教学现象，明确案例的典型性和研究价值、确定研究框架、设计数据收集方法，最终形成可操作的案例研究方案。

（2）提示语设计

围绕"选择案例并规划研究方案"的目标，教师在与 ChatGPT 对话时，设计的提示语应体现以下三个特征：a. 描述性：明确呈现具体学科、教学现象、研究对象和研究问题等案例要素；b. 探究性：从学科特点和学生发展需求两个角度引导深入分析；c. 结构性：按分析案例价值、评估研究方向、设计研究框架的逻辑顺序展开对话。在实际应用中，教师可以根据 ChatGPT 的反馈，灵活调整后续的提问。提示语设计模板如下：

"我在［具体学科］教学中观察到［具体教学现象］，打算选择［具体教学单元/

案例范围]作为研究对象，重点研究[具体研究问题]。请帮我：

(a) 从[学科特点]和[学生发展需求]两个角度分析案例的研究价值；

(b) 评估研究方向和研究范围的合理性；

(c) 设计初步的研究框架，包括研究目标、研究内容和可能采用的研究方法。"

(3) 对话示例

在课堂参与案例中，马老师应用上述提示语模板，设计了以下问题，与ChatGPT围绕案例选择与方案设计进行了对话。

马老师：我在高中历史教学中观察到学生在课堂讨论历史事件和人物时参与度不高的现象，打算选择一个班级作为研究对象，在一个学期内重点观察他们在"五四运动"等历史单元的讨论表现，探究学生参与历史讨论的现状、影响因素和发展特征。请帮我：

1. 从历史学科探究特点和学生思维发展需求两个角度分析案例的研究价值；
2. 评估以"历史课堂讨论中的学生参与度问题"为研究主题，以"一个学期观察一个班级"为研究范围是否合理；
3. 设计初步的研究框架，包括研究目标、研究内容和可能采用的研究方法。

---

⑤ ChatGPT

1. 研究价值分析

从历史学科探究特点：历史学科强调对历史事件、人物、过程的多角度理解，注重培养学生对历史事实的批判性分析、因果关系的探讨和多元视角的形成。课堂讨论是激发学生参与、深化理解的重要手段，有助于学生在思辨和交流中形成历史意识。因此，研究学生在历史课堂讨论中的参与度有助于提升他们的历史思维水平和理解深度。

从学生思维发展需求：高中阶段学生的抽象思维和逻辑推理能力逐渐增强，但他们在课堂中的主动表达和互动能力尚有待发展。通过对历史讨论参与度的研究，可以帮助学生增强表达、论证和合作探究能力，促进他们的批判性思维和历史理解力。此外，提高课堂参与度也有助于培养学生的自主学习能力和责任感。

2. 研究主题和范围的合理性评估

研究主题的明确性:"历史课堂讨论中的学生参与度问题"这一主题明确且具体,指向课堂讨论中学生的表现,关注他们在互动过程中的积极性、深度和频率,是一个在教学实践中具有重要意义的问题。研究这一主题可以帮助教师发现影响学生参与的关键因素并探索有效的教学策略。

研究范围的合理性:选择一个班级作为研究对象,进行为期一个学期的观察是合理的。一学期的时间可以充分观察到学生参与度的阶段性变化,尤其是经过引导和鼓励后可能产生的改变。单个班级的范围也有助于进行详细的定性和定量分析,从而获取较为深入的结论。这一范围有助于在有限的时间内深入了解学生的参与行为,并为教学改进提供依据。

3. 初步研究框架设计

(1) 研究目标
- 探究学生在历史课堂讨论中的参与现状,包括参与的频率、质量和深度。
- 分析影响学生讨论参与度的因素,包括教学设计、讨论氛围、学生个人特征等。
- 提出提高学生历史课堂讨论参与度的有效策略和教学建议。

(2) 研究内容
- 学生讨论参与现状:观察学生在"五四运动"等历史单元中的课堂讨论表现,包括发言次数、发言内容的质量以及讨论中的主动性。
- 影响因素分析:通过访谈和问卷了解影响学生讨论参与的主客观因素,如对话题的兴趣、课堂气氛、教师提问方式和同伴互动等。
- 发展特征:跟踪学生在讨论中的表现变化,分析在教师干预或引导下学生参与度的变化特点。

(3) 可能采用的研究方法
- 课堂观察法:通过系统观察记录学生在讨论中的行为,如发言次数、互动频率和态度表现,以了解学生的参与现状。
- 访谈与问卷调查:对学生进行半结构化访谈,了解他们对课堂讨论的看法及参与的阻碍和动力因素;设计问卷获取学生的态度和意见。

> - 课堂录像分析：对课堂讨论过程进行录像，详细分析学生的互动模式和教师引导策略，帮助理解学生参与讨论的深度和质量。
> - 案例研究法：选取几个代表性学生作为案例，深入分析他们在讨论中的参与情况及其变化。

在 ChatGPT 的回答中，对马老师提出的历史课堂讨论参与度问题从历史学科特点和学生发展需求两个角度论证了研究价值，评估了以一个班级为对象、一个学期为期的研究范围的合理性与可行性，并详细设计了包括研究目标、内容和方法在内的具体研究框架。可以帮助马老师明确研究思路，也得到了可以直接运用的实施方案。

（4）应用建议

在选择案例阶段，教师可以利用 ChatGPT 分析案例价值并规划研究方案，目标是确定合适的教学现象，明确研究价值和框架，最终形成可实施的方案。教师应使用描述性、探究性和结构性的提示语，具体呈现学科和研究问题，引导深入分析，并按逻辑顺序展开对话。通过与 ChatGPT 的互动和反馈调整，教师可以形成一个可操作且具有研究价值的案例研究方案。

5.3.2　ChatGPT 辅助收集与分析数据

（1）对话目标

在收集与分析数据阶段，教师主要围绕设计研究工具和分析数据资料与 ChatGPT 展开对话，对话目标包括开发课堂观察、访谈和档案分析等适用的数据收集工具，确定数据分析的框架、进行数据的分类分析与主题提取，最终形成基于证据的研究发现。

（2）提示语设计

在这一阶段，教师主要围绕设计研究工具和处理数据资料与 ChatGPT 展开互动。在对话过程中，教师的提示语需要体现三个特征：a. 工具性，即明确表述具体的数据收集方法和分析框架的需求；b. 系统性，即设计问题时完整覆盖从数据收集、整理到分析的各个环节；c. 实证性，即确保数据收集与分析始终围绕研究主题和目标展开，保证研究发现的有效性。基于这三个特征，可以设计以下的提示语模板：

"在［研究主题］的［研究时长］研究中，我需要收集：［研究对象］在［研究场景］中的［具体表现］；［研究阶段］的［数据类型］；［常规记录］的资料。请帮我设计：1）观察工具；2）访谈方案；3）评估问卷；4）如何分析数据的建议。"

（3）对话示例

在课堂参与案例中，马老师应用上述提示语模板，设计了以下问题，围绕数据收集与分析与ChatGPT进行了对话。

马老师：在高中历史课堂讨论参与度的16周研究中，我需要收集以下数据：1）3—4名代表性学生在课堂讨论中的表现（发言次数、观点深度、互动情况）；2）三个阶段（前期准备、干预实施、总结评估）的学生访谈和问卷反馈；3）每节课的课堂观察记录和视频资料。

请帮我设计：1）课堂观察量表；2）不同阶段的访谈提纲；3）前测和后测问卷；4）如何分析数据的建议。

---

⑤ ChatGPT

1. 课堂观察量表

设计一个课堂观察量表，用于记录3—4名学生在课堂讨论中的表现，包括发言次数、观点深度和互动情况。以下是量表的主要维度：

学生姓名	发言次数	观点深度（1-5分）	互动情况（与同学讨论次数）	备注
学生A				
学生B				
学生C				
学生D				

说明：观点深度评分（1—5分）：根据学生表达的逻辑性、分析的深度和对历史事件的理解程度进行评分，1为浅显，5为深入。

2. 不同阶段的访谈提纲

（1）第一阶段（前期准备）：

● 你对课堂讨论有什么样的感受？

- 你认为在课堂上讨论历史事件（如"五四运动"）对你学习历史有帮助吗？为什么？

(2) 第二阶段（干预实施）：

- 干预措施反馈：
◆ 最近的课堂中，教师采取了哪些措施（如分组讨论、提问引导等）让你觉得更容易参与讨论？
◆ 有哪些策略让你觉得特别有效或无效？为什么？
- 课堂氛围和自信心：
◆ 在你看来，班级的讨论氛围怎么样？它如何影响了你的参与意愿？

(3) 第三阶段（总结评估）：

- 变化和效果：
◆ 相比最开始的几周，你觉得自己的参与有变化吗？主要是什么样的变化？
◆ 你认为哪些因素对这种变化产生了影响？
- 对未来的建议：
◆ 在课堂讨论中，你希望教师采取哪些策略来进一步提高你的参与度？

3. 前测和后测问卷设计

(1) 前测问卷（第1周）：

- 课堂讨论态度：
◆ 你喜欢参与课堂讨论吗？（非常喜欢/喜欢/一般/不喜欢/非常不喜欢）
◆ 你在课堂讨论中通常表现得如何？（从不发言/偶尔发言/经常发言）
- 影响参与的因素：
◆ 在参与讨论时，你认为哪些因素是主要障碍？（选项：对内容的不理解、害怕出错、对话题不感兴趣、同学或教师的态度等）

(2) 后测问卷（第16周）：

- 课堂讨论态度变化：
◆ 经过这一学期的课堂讨论，你对参与讨论的态度有变化吗？（有很大变化/有一些变化/没有变化）
◆ 你现在参与课堂讨论的频率如何？（从不发言/偶尔发言/经常发言）

- 策略评价：
- ◆ 你认为教师的哪些教学策略帮助了你更好地参与课堂讨论？（多选：提问引导、分组讨论、课堂氛围营造等）
- ◆ 对于提升课堂讨论参与度，你有什么建议？

4. 如何分析数据的建议

（1）课堂观察量表数据分析：
- 描述性统计：计算代表性学生的平均发言次数、互动频率和深度评分，绘制曲线图，观察随时间的变化趋势。
- 阶段对比：比较不同干预阶段学生的参与表现，判断干预的有效性。

（2）访谈数据分析：
- 主题编码法：对访谈转录进行主题编码，按照"参与动机""影响因素""教学策略效果"等分类，找出学生对课堂讨论态度的主要共性和个体差异。
- 纵向分析：对同一学生在三个阶段的访谈内容进行对比，分析其参与度和态度的变化及影响因素。

（3）问卷数据分析：
- 前测后测对比：通过前测和后测问卷数据的对比，分析学生对课堂讨论态度和参与频率的变化。采用统计图表展示变化，比如柱状图或折线图。
- 有效策略的总结：统计学生认为最有效的教学策略，结合课堂观察和访谈结果，得出对参与度提升最有帮助的策略。

从ChatGPT的回答来看，内容涵盖了用于案例研究的课堂观察量表、学生访谈提纲、前测和后测问卷，并提供了数据分析的指导建议，帮助马老师解决了在深入了解学生参与度变化和影响因素的过程中，证据获取与有效分析的难题。

（4）应用建议

在案例研究的数据收集与分析阶段，教师可以通过明确的提示语与ChatGPT开展有针对性的互动。使用提示语时，需注意以下要点：a. 教师需要清晰描述研究主题、研究对象和具体需求，请ChatGPT协助设计课堂观察量表、访谈提纲和问卷等研究工具；b. 在数据收集过程中，教师可以就观察记录的整理方法、访谈资料的编码方案、问卷数据的处理方式等向ChatGPT咨询建议；c. 在数据分析阶段，教师可以围绕数据分类、主题提取和发现总结等具体任务，获取ChatGPT的分析建议，形成有效的研究结论。当遇到数据收集或分析过程中的问题时，可以针对具体问题与ChatGPT展开深入对话。

5.3.3 ChatGPT辅助撰写案例报告

（1）对话目标

在撰写案例报告阶段，教师主要围绕报告的框架设计、内容撰写和表述优化与ChatGPT展开互动。对话目标包括设计符合学术规范的报告整体框架，明确各章节的写作要点和注意事项，优化研究发现的呈现方式，完善文字表述。通过与ChatGPT的互动，教师可以不断完善报告内容，提升学术质量。

（2）提示语设计

在撰写案例报告阶段，教师使用的提示语应体现以下三个特征：a. 结构性，即明确要求案例报告的整体架构和各部分的具体写作建议；b. 逻辑性，即注重各个部分之间的衔接以及论证的严密性；c. 学术性，即强调研究发现的呈现方式。可以参考以下提示语模板：

"基于［研究发现］，我需要撰写一份案例研究报告，目标读者是［读者群体］，报告用途是［具体用途］。请帮我：1）设计报告框架；2）提供各部分写作要点；3）建议重要发现的呈现方式。"

（3）对话示例

在课堂参与案例中，马老师应用上述提示语模板，设计了以下问题，与ChatGPT围绕案例报告的撰写进行了对话。

> **马老师**：基于历史课堂讨论参与度研究的发现，我需要撰写一份案例报告，目标读者是历史教研组教师，用于分享提升课堂讨论效果的策略。请帮我：1）设计报告框架；2）提供各部分写作要点；3）建议如何呈现学生参与度的变化过程。

> **ChatGPT（部分回答）**
>
> **3. 学生参与度变化过程的呈现建议**
>
> **(1) 图表呈现**
>
> 　　折线图：使用折线图展示学生参与度的变化过程，比如发言次数在整个学期内的增长趋势。
>
> 　　柱状图：展示各阶段（前期准备、干预实施、总结评估）中学生观点深度评分的变化。
>
> **(2) 文字描述结合案例**
>
> 　　在每个图表旁加入文字描述，例如，某位学生在某个时间点参与度提高的原因，以及干预措施对其产生的具体影响。
>
> 　　选取学生的原话（来自访谈记录），呈现他们对课堂讨论的感受，以增强报告的具体性和真实性。
>
> **(3) 表格综合呈现**
>
> 　　使用表格综合展示不同学生在各阶段的表现，包括发言次数、互动频率和观点深度，帮助读者直观了解每个学生在整个过程中参与度的变化情况。

　　从 ChatGPT 的回答来看，其对学生参与度变化过程的撰写提供了详细的建议，包括使用图表（如折线图、柱状图）直观呈现数据变化，结合文字描述增强案例的具体性和真实性，以及通过表格综合展示不同学生的参与变化情况。这些建议有助于马老师更好地呈现研究结果，增加了报告的学术性。

　　（4）应用建议

　　在利用 ChatGPT 撰写案例研究报告时，教师可采用以下互动策略：a. 向 ChatGPT 明确报告的目标读者和用途，获取整体框架建议，确保报告结构完整且逻辑清晰；b. 围绕各章节内容展开互动，获取关于研究背景、文献综述、研究方法、数据分析和结论讨论的具体写作指导；c. 就研究发现的呈现方式、结论的论证方法及学术表述的规范性征询建议，不断优化报告内容，提升报告的学术质量。

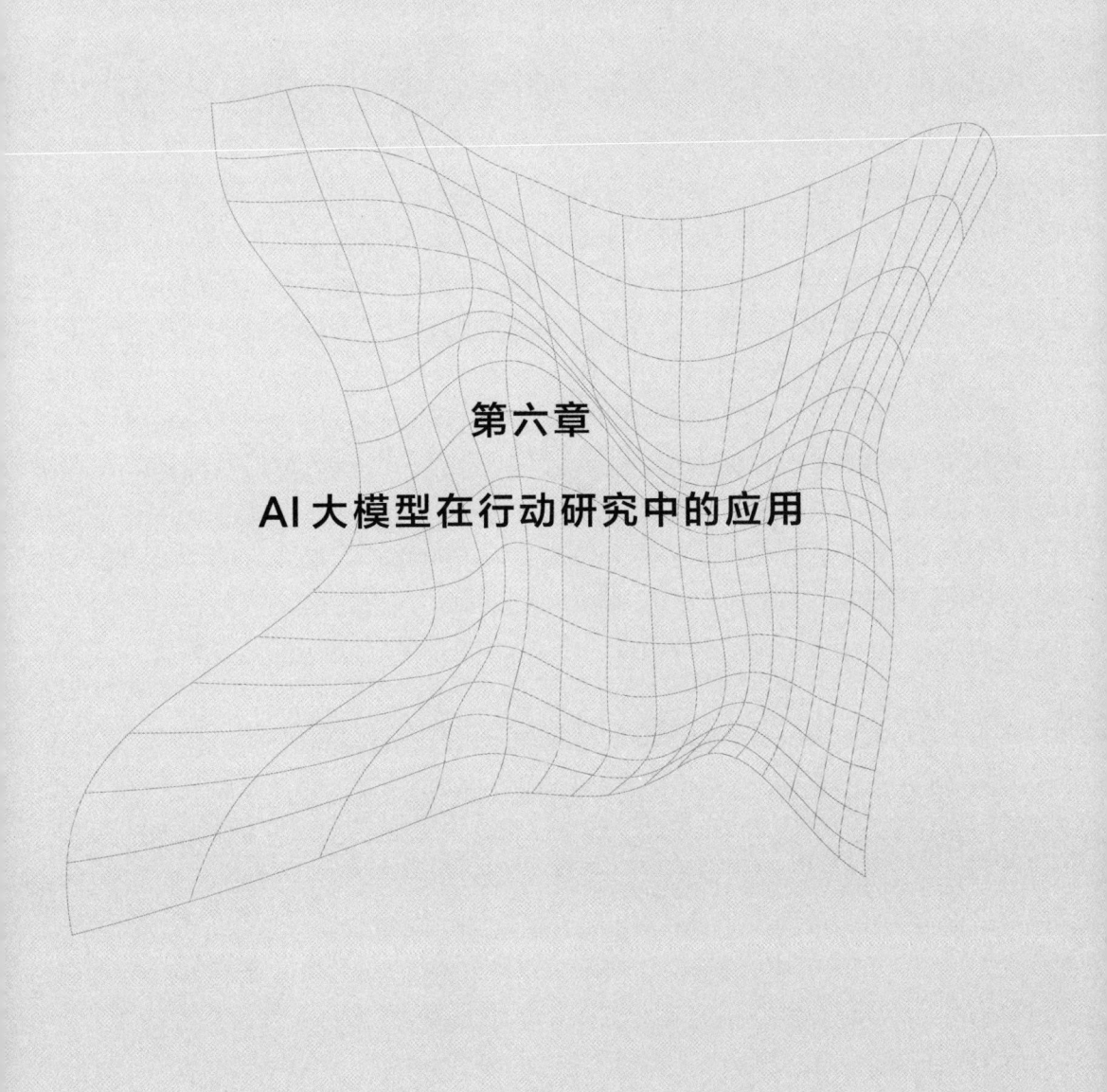

第六章

AI 大模型在行动研究中的应用

作为一线教师，我们在课堂教学中经常遇到需要解决的实际问题，比如学生学习动力不足、课堂管理困难或教学方法效果欠佳。行动研究通过系统的观察记录、数据收集和分析，帮助我们科学地解决这些问题，推动教学质量的提升和专业发展。本章将基于教育行动研究的特征，结合实例分析开展行动研究的具体步骤，并进一步探讨如何运用 ChatGPT 来辅助教师更高效、规范地开展行动研究。

6.1 行动研究概述

6.1.1 行动研究的概念

中小学教育科研中的行动研究，是一种以改进教学实践为目标、由教师主导的研究方法。它以实践为导向，以教师为主体，致力于解决教师自身教学实践中的实际问题。行动研究强调"在行动中研究，在研究中行动"，通过系统的研究和不断的反思来寻求解决方案，最终实现优化教学实践和促进教师专业发展的目标。

6.1.2 行动研究的特征

行动研究是一种以教育实践者为研究主体的方法，具有实践导向、研究路径循环迭代、行动主体反思和多方协作参与的特征。它强调教师在真实教学情境中系统收集数据，通过反复的"计划—行动—观察—反思"循环来解决具体问题并改进实践，促进理论与实践的紧密结合，以及研究者与实践者之间的密切协作与对话。

（1）实践导向性

行动研究最显著的特点就是源于实践、服务实践。一线教师每天都在处理各种教学问题，比如学生理解概念困难、课堂参与度不高、作业完成质量不理想等。行动研究就是围绕这些实际问题展开，在真实的课堂环境中收集数据、分析问题，并及时调整教学策略。

例如，一位初中生物老师发现学生在学习生物概念时总是感到困难，概念之间的联系也记不清。于是她开展了一项运用思维导图来提升学生概念理解的行动研究。在日常教学中，她系统观察记录学生使用思维导图的情况，分析学习效果，并根据反馈不断调整教学方法。

这个案例体现了行动研究的实践导向性，即研究问题来自真实课堂，研究过程就是教学过程，研究成果可以直接用来改进教学。

(2) 路径循环迭代

行动研究不是一次性完成的，而是螺旋上升的循环前进过程。我们通常会经历"发现问题——制定计划——付诸行动——观察记录——总结反思"这样的循环。在每一轮循环中，我们都可以根据实际情况调整研究方案，让教学改进更加有效。

比如一位教师在开展提高学生课堂参与度的研究时，第一轮尝试采用小组讨论的方式，发现虽然课堂活跃了，但部分学生参与度仍然不高。经过反思，她在第二轮中增加了明确的讨论规则和角色分工，效果明显提升。这个案例体现了行动研究的循环迭代特点，行动研究的每一轮循环都是一次经验积累和方案完善的机会。通过不断循环和调整，教师能够逐步找到最适合自己班级的教学方案，让研究真正发挥作用。

(3) 行动主体反思性

在行动研究中，教师不仅是研究者，更是进行深入思考和不断改进的行动主体。在研究过程中，教师需要时刻问自己：这个教学问题的本质是什么？我选择的解决方案是否合适？在实施过程中有哪些地方需要改进？这种持续的反思帮助教师不断提高教学水平，促进专业的成长。

例如，一位语文老师在开展阅读教学的研究时，通过分析课堂录像和学生的作业，对自己的教学进行了深刻反思："为什么学生的阅读理解答案总是如此相似？是不是我过于强调答题速度和标准答案了？这样的教学是否真正提升了学生的阅读能力？"这种自我反思让她意识到，过去她往往急于让学生快速完成阅读理解题，却忽视了对学生深度阅读能力的培养。经过反思，她调整了教学策略，增加了更多引导学生品读文本、深入思考的环节。

通过深入反思，教师能发现问题的深层原因，并相应调整教学理念和方法。这个过程不仅能帮助教师解决具体的教学问题，更能促进教师专业能力的提升。正是这种反思性的特征，让行动研究成为推动教师成长的重要力量。

（4）过程的多方参与性

行动研究不是一个人的独角戏，而是需要多方参与、共同探讨。开展行动研究的教师可以和教研团队一起分析问题，和其他学科教师交流经验，也可以请教研专家提供指导。在这个过程中，学生和家长的反馈同样重要，他们的建议往往能带来新的启发。

比如一位语文老师在研究如何提高写作教学效果时，先是和语文教研组老师一起研讨教学策略，又通过听取学生的想法调整写作主题的选择，还邀请教研员参与课堂观察并提供建议。这种多方参与让她的研究更加全面，也更有说服力。当不同视角的建议和智慧汇聚在一起时，往往能激发出更好的解决方案。正是这种集思广益的特点，让行动研究能够产生更有价值的成果。

6.2 行动研究的实施步骤

中小学行动研究具有循环迭代的特点，研究路径通常包含多轮行动，每一轮行动由四个步骤组成："确定问题与制定计划——实施行动与收集数据——分析数据与反思——调整计划与新一轮行动"，如图6-1所示。

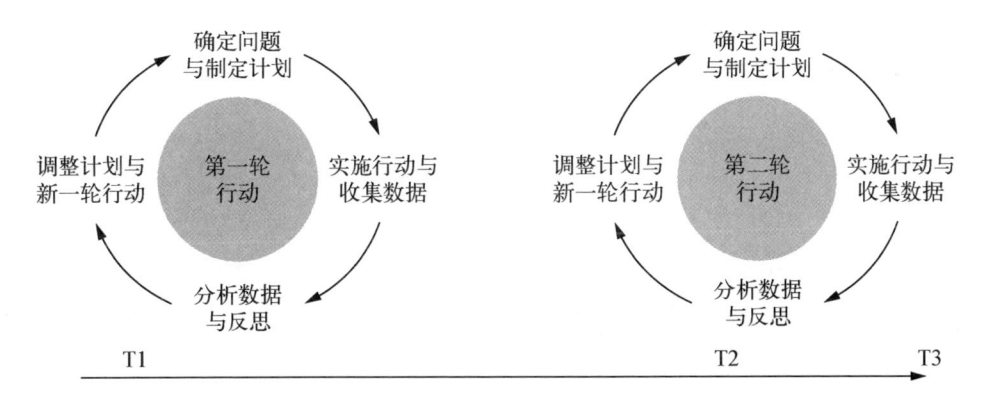

图6-1 中小学行动研究的步骤

6.2.1 步骤1：确定问题与制定计划

行动研究的第一步是"明确教学问题并制定具体计划"。教师首先要从日常教学中识别值得研究的问题，将问题描述具体化，然后通过多种方式收集基础数据验证问题的存在，最后根据数据分析制定详细的行动方案。

以丁老师开展的"提升初中生历史课堂讨论参与度"的行动研究为例（以下简称"历史课堂讨论行动研究"），她通过一段时间的课堂观察，发现班上多数学生在历史课的讨论环节参与度低，这不仅影响课堂教学效果，也不利于学生历史思维能力的培养。她将这个问题具体描述为"八年级学生在历史课堂讨论中较少主动发言，即使发言也多限于简单复述史实，缺乏对历史事件的深入分析和多角度思考"。为了更好地了解这一问题，她利用课堂观察记录记下学生发言的情况，课后和学生交流时了解到他们不积极参与的原因：对历史知识不够熟悉，不知道该怎么分析问题，也担心自己说得不对。基于这些发现，她制定了为期六周的研究计划：通过增加课前导学材料培养知识储备，设计分层讨论提纲指导思维方法，运用角色扮演活动激发参与兴趣，目标是提升学生的课堂参与度，培养他们运用史料分析问题、表达个人见解的能力。

在确定问题和制定计划阶段，教师需要注意以下几点：a. 选择的问题要具有普遍性和研究价值；b. 问题描述要具体明确，如将"学生讨论积极性低"具体化为"历史课堂讨论中学生发言次数少且缺乏深度"；c. 要通过观察、访谈等方式收集初步数据，验证问题的存在并了解原因；d. 制定的行动计划要包含明确的目标、具体的策略和时间安排。

6.2.2 步骤2：实施行动与收集数据

行动研究的第二步是按计划"开展教学并收集相关数据"。教师一方面要按计划实施教学活动，另一方面要及时记录学生的学习表现和反应，为评估教学效果提供依据。

在"历史课堂讨论行动研究"案例中，丁老师在课堂上实施角色扮演活动时，用课堂记录本记下了学生的参与情况：哪些学生开始主动举手发言了，他们的发言内容是否展现了对历史事件的思考。课后，她和学生聊天了解他们对这种学习方式的想法，并让学生写下课后感受。通过作业中的开放性问题，她也能看到学生是否真正理解了历史事件，是否学会从不同角度分析问题。

在实施行动与收集数据的过程中，教师要注意：a. 要认真观察并记录每节课学生的表现变化，包括积极发言情况、发言内容的深度等方面；b. 要采用多种方式收集数据，既可以是课堂观察记录，也可以是与学生的交谈，还可以通过作业了解学生的进步情况。这样才能全面了解教学活动的效果，为后续改进提供参考。

6.2.3 步骤 3：分析数据与反思

行动研究的第三步是"分析收集到的数据并进行教学反思"。教师需要对课堂记录、学生反馈等各类数据进行系统分析，评估教学效果，思考改进方向。

例如，在"历史课堂讨论行动研究"中，丁老师整理了六周以来的课堂记录本，对比了学生在研究初期和后期的课堂表现。她发现，通过角色扮演活动，班上原本沉默的同学开始尝试发言了，发言的内容也从简单陈述史实变成了结合史料提出自己的看法。从课后与学生的交谈中，她了解到导学材料帮助学生更好地理解历史背景，分层的讨论提纲则让他们知道该从哪些角度分析问题。不过她也发现，个别学生仍然很少参与讨论，这提示她可能需要进一步了解这些学生的困难，调整教学策略。

在分析数据与反思的环节，教师要注意以下几点：a. 要将各类数据进行分类整理，包括课堂观察记录、学生作业、谈话记录等；b. 要仔细对比学生在不同时期的表现变化，找出进步和不足；c. 要认真分析教学策略的效果，思考哪些方法有效，哪些需要改进；d. 要结合分析结果进行深入反思，为下一步教学调整提供依据。

6.2.4 步骤 4：调整计划与新一轮行动

行动研究的第四步是根据反思结果"调整计划，开展新一轮的教学实践"。教师需要将反思得到的启示转化为具体可行的改进措施，确保教学效果能够进一步提升。

例如，在"历史课堂讨论行动研究"中，丁老师根据前期分析发现，虽然角色扮演等活动提高了学生的参与度，但部分学生的发言仍缺乏深度。针对这一问题，她在新的教学计划中增加了批判性思维训练环节：在课前提供更丰富的史料材料，设计引导性的分析问题，帮助学生从多个角度理解历史事件。对于仍然较少参与的学生，她设计了难度递进的讨论任务，让这些学生先从简单的问题开始，逐步建立参与的信心。

在调整计划与开展新一轮行动的阶段，教师要注意以下几点：a. 要根据反思结果明确需要改进的方面，制定针对性的调整措施；b. 新的教学计划要具体可行，包括具体的实施步骤和预期目标；c. 在新一轮教学中要保持灵活性，根据学生反应及时调整；d. 继续保持观察和记录，为后续的改进积累依据，形成持续改进的良性循环。

6.3 ChatGPT辅助行动研究的方法

在一线教师开展行动研究的各个阶段，从确定问题与制定计划，到实施行动与收集数据，再到分析数据与反思，以及调整计划与规划新一轮行动，整个过程都可以通过与ChatGPT的互动获得帮助。本节结合行动研究过程的三个关键环节：确定行动问题、收集与分析数据、调整计划与改进行动，结合案例，围绕教师与ChatGPT进行对话的"对话目标、提示语设计、对话示例及应用建议"展开分析。

【案例描述】

高中地理教师徐老师发现学生在理解地理概念时缺乏结构化思维能力。通过与ChatGPT对话，她确定了行动研究方向，即使用思维导图帮助学生理解地理概念之间的联系，从而提升他们分析概念关系并构建知识框架的能力。在第一轮行动中，ChatGPT协助她设计了课堂观察量表和分析工具。通过数据收集，她发现学生能够使用这些工具进行分析，但缺乏主动构建知识框架的意识。经过与ChatGPT的反思讨论，徐老师调整了第二轮行动计划，增加了学生自主构建地理概念关系的任务，并深化了教学策略的设计。在ChatGPT的持续帮助下，徐老师的行动研究逐步引导学生积极构建自己的知识框架。

6.3.1 ChatGPT辅助确定行动问题

（1）对话目标

在行动问题确定阶段，教师主要围绕教学问题的发现、分析和研究方向的确定与ChatGPT展开对话。对话目标包括明确课堂教学中存在的具体问题及其表现特征，分析问题的成因和影响因素，确定可行的研究方向和改进策略，形成清晰的行动研究目标。

（2）提示语设计

在这一阶段，教师在使用提示语与ChatGPT互动时，应注意三个要点：a. 要清晰描述教学情境和具体问题，包括学科背景、教学内容、学生特点和问题表现等关键信息；b. 要明确表达改进意图，提出初步的解决思路，为ChatGPT提供建议的方向；c. 要具体说明需要获取的帮助内容，如研究主题确定、目标设计、可行性分析和具体实施要点等。可以参考以下提示语模板：

"在［学科］教学中，我观察到学生在［知识内容］学习过程中存在［核心问题］的现象，主要表现为：1)［问题表现1］；2)［问题表现2］；3)［问题表现3］。这些问题可能影响［学习效果］。我考虑采用［教学策略］来解决这些问题。请帮我：

1）提出针对性的行动研究主题。

2）明确研究目标，将研究问题具体化。

3）分析研究设计的可行性。

4）列出开展行动研究的具体要点。"

（3）对话示例

在地理概念理解的行动研究案例中，徐老师应用上述提示语模板，设计了以下问题，与ChatGPT围绕研究问题的确定与研究实施进行了对话。

> **徐老师**：在高中地理教学中，我观察到学生在地理概念学习过程中存在结构化思维不足的现象，主要表现为：1）难以分析地理概念之间的联系；2）不能构建系统的知识框架；3）缺乏主动探究概念关系的意识。这些问题可能影响学生对地理知识的深入理解和应用。我考虑在教学中使用思维导图来解决这些问题。请帮我：
> 1）提出针对性的行动研究主题。
> 2）明确研究目标，将研究问题具体化。
> 3）分析研究设计的可行性。
> 4）列出开展这项行动研究的具体要点。

ChatGPT（部分回答）

1. 行动研究的主题

利用思维导图提升高中生地理概念学习的结构化思维能力。

2. 研究目标和具体化的研究问题

（1）研究目标：提升学生在地理概念学习中的结构化思维能力，增强学生分析地理概念之间的联系、构建系统知识框架的能力，以及激发他们主动探究概念关系的意识。

（2）具体化的研究问题：

- 学生在地理概念学习中使用思维导图是否有助于分析概念之间的联系？
- 思维导图的使用能否帮助学生建立系统的地理知识框架？

- 思维导图教学法能否增强学生主动探究地理概念之间关系的意识？
- 在实施思维导图教学过程中，学生在逻辑性、系统性、探索性方面遇到的主要挑战是什么？
- 教师在教学过程中采用哪些策略可以有效支持学生克服这些挑战？

3. 研究设计的可行性分析

（1）工具适用性：思维导图是一种有效的可视化工具，特别适用于地理学科复杂的概念及其关系，可以通过图形化方式帮助学生理解和记忆。

（2）学生和教学环境的匹配：高中生具备一定的抽象思维能力，适合学习和应用思维导图来整理地理概念。思维导图既能帮助他们建立系统的知识结构，又能激发他们主动学习的兴趣。

（3）已有时间和资源条件的支持：思维导图工具（如纸笔、绘图软件）在地理课堂中易于实施，不需要额外的高成本设备；课堂时间可以合理分配，将思维导图的使用嵌入到各地理单元的教学中，以辅助知识框架的构建。

（4）教师指导的可行性：教师通过适当的培训可以掌握思维导图的基本原理，并能有效地指导学生在课堂上应用。这种教学法的引入不会对教师教学负担造成明显增加。

4. 行动研究的行动要点

（1）前期准备：

- 教师培训：熟悉思维导图的基本原理和教学中的应用方式，了解如何有效地指导学生使用思维导图。
- 学生导入：在开始使用思维导图之前，对学生进行培训，让他们理解思维导图的目的、绘制技巧和应用方法。

（2）课堂实施阶段：

- 课堂应用：在每个地理单元的教学中，引入思维导图。具体方法可以包括：

在导入新知识时，通过教师引导绘制整体概念图。

学生独立或小组合作绘制思维导图，梳理地理知识点及其之间的关系。

- 引导学生反思和总结：在每个教学阶段结束时，要求学生通过思维导图总结所学内容，帮助他们构建系统的知识框架。

（3）合作与交流：
- 小组合作绘制：组织学生分组，围绕某地理主题（如气候与地形之间的联系）绘制思维导图，鼓励合作和集体探讨，提升他们的分析和协作能力。
- 讨论与分享：鼓励学生在班级中分享他们的思维导图，展示他们对地理概念的理解。通过交流，学生可以对彼此理解有更深入的认识。

（4）教师支持与个性化指导：
- 个别辅导：对于在构建思维导图方面遇到困难的学生，教师提供个性化支持，帮助他们分析概念间的联系，增强其信心和理解力。
- 阶段性反馈：定期评估学生绘制的思维导图，给予具体的反馈意见，帮助他们不断改进并优化知识框架。

（5）总结与反思：
- 在整个行动研究过程中，教师应不断反思学生的进步以及思维导图教学法的有效性。可以通过定期收集学生反馈、观察课堂表现和分析学生作品的方式，评估教学干预的效果。
- 在干预结束时，组织学生对使用思维导图进行总结和反思，了解他们在构建地理知识结构上的进步及其对主动探究的意识提升。

ChatGPT给出的这份回答为徐老师提供了一套全面的行动研究方案，聚焦于通过思维导图提升高中生地理概念学习中的结构化思维能力，明确了研究的目标与问题，确保教师能够清晰理解研究方向。通过详细的可行性分析，帮助教师确认思维导图在教学环境中的适用性和可操作性。同时，针对行动研究的各阶段（包括前期准备、课堂实施、合作交流、个性化支持及总结反思）提供了具体的步骤和策略，为徐老师在实际教学中执行研究提供了切实可行的操作指导。

（4）应用建议

在行动研究问题的确定阶段，教师可以通过使用案例中的结构化提示语与ChatGPT互动，包括准确描述教学实践中发现的问题、问题表现和初步的改进思路，询问研究主题建议和具体的研究问题、研究的可行性以及初步的研究计划。也可以采用渐进式对话策略，教师可以先描述具体的教学场景和问题现象，再就问题的分析和研究思路展开讨论，最后确定具体的行动计划。这种递进式的对话，使得内容会更为深入和聚焦。

6.3.2 ChatGPT 辅助收集与分析数据

(1) 对话目标

在行动研究的收集与分析数据阶段，教师通过与 ChatGPT 的互动，设计具体的观察记录工具，了解并制定适合研究问题的数据收集方案，获取数据分析建议，以及处理实施过程中出现的突发情况的建议。

(2) 提示语设计

在这一阶段，教师可以从数据收集和数据分析两个层面使用提示语与 ChatGPT 展开对话。具体要点包括：在陈述问题时，应具体描述实施情况及当前正在实施的教学干预措施；说明在数据收集和分析过程中遇到的具体困难；明确问题需求。

数据收集层面的提示语的设计要点包括：说明研究主题和当前采用的数据收集方式；描述数据收集过程中遇到的具体困难；提出对数据收集工具改进的具体需求。可以参考下面的提示语模板：

"在［具体研究主题］的研究过程中，我采用了［已有数据收集方式］来收集数据。在实施过程中，遇到了以下困难：［困难1］；［困难2］。我希望获得以下帮助：

(a) 设计更有效的［工具1］，用于［具体用途］。

(b) 设计更完善的［工具2］，用于［具体用途］。

(c) 建议其他可行的数据收集方式。"

数据分析层面的提示语设计要点包括：明确已收集的数据类型；具体说明分析需求。我们可以参考以下提示语示例：

"在［研究主题］的行动研究中，我已完成数据收集工作。目前获得的数据包括：［数据类型1］、［数据类型2］、［数据类型3］、［数据类型4］。请针对这些数据，帮我：

(a) 提供数据分析的步骤和要点。

(b) 提供结合研究问题解读数据的建议。"

(3) 对话示例

在地理概念理解的行动案例中，徐老师应用上述提示语模板，设计了以下问题，与 ChatGPT 围绕数据收集与分析进行了对话。

徐老师：作为一名初中地理教师，我正在开展"利用思维导图提升高中生地理概念学习的结构化思维能力"的行动研究。我采用了学生思维导图作品评分和课堂观察记录来收集数据。在数据收集过程中，我遇到了以下困难：思维导图作品的评分难以全面评估学生结构化思维的逻辑性和完整性；课堂观察记录难以体现学生在制作思维导图过程中遇到的具体困难。我希望能得到以下帮助：

1) 设计更有效的观察记录工具，并提供表格，用于记录学生在构建思维导图时的操作步骤、遇到的困难点以及思维过程；
2) 设计能评估学生结构化思维的逻辑性和完整性的思维导图作品评分表，以表格形式呈现；
3) 建议其他可行的数据收集方式。

⑤ ChatGPT（部分回答）

1. 设计更有效的观察记录工具

建议采用以下学生自己填写的观察记录表，在制作思维导图的过程中或结束后自我记录和反思他们的步骤和遇到的困难。

指导语：请在制作思维导图的过程中或完成后填写以下表格，以帮助记录你的思路和遇到的问题。

步骤/阶段	你做了什么？（请描述你的操作）	遇到的困难或问题	你是如何思考的?
选择主题			
设计主分支			
添加子分支			
细节补充和优化			
审阅和修改			

备注：在每个阶段，请描述你所做的步骤、遇到的具体问题（如不确定如何组织信息等）以及你在思考过程中的想法（如选择某一结构的原因）。

2. 思维导图作品评分设计

评分表应根据逻辑性和完整性进行多维度评估。

评分表格模板：

指标	评分标准	得分 (1-5)
主题明确性	不清晰 (1) - 非常清晰 (5)	
分支层次	混乱 (1) - 层次分明 (5)	
逻辑关联性	无逻辑 (1) - 逻辑连贯 (5)	
信息覆盖完整性	不完整 (1) - 全面覆盖 (5)	
视觉表现	杂乱 (1) - 结构美观 (5)	
总分	最高25分	

3. 其他可行的数据收集方式

除了思维导图评分和课堂观察记录，以下方法可用于丰富数据收集：
- 学生访谈：通过半结构化访谈，了解学生在制作思维导图时的内心想法和遇到的问题。
- 问卷调查：设计包含开放式问题和闭合式问题的问卷，询问学生对思维导图制作的体验和困难。

在数据分析阶段，徐老师使用了以下提示语与 ChatGPT 互动，获得了数据分析的具体指导：

徐老师： 作为一名初中地理教师，我在探索"利用思维导图提升高中生地理概念学习的结构化思维能力"的行动研究中已完成数据收集工作。目前收集到的数据包括：思维导图作品评分表、学生问卷调查表、课堂观察记录、学生访谈记录。请针对这些数据，帮我：
1) 提供数据分析的步骤和要点。
2) 提供结合研究问题解读数据的建议。

ChatGPT

1. 数据分析的步骤和要点

（1）整理数据：

评分表：计算各项指标的平均分和总体平均分，简单分析分数分布。

问卷调查：统计问卷中选择题的频率和比例，将开放性问题的回答进行分类和总结。

课堂观察和访谈记录：逐条阅读记录，标注常见问题和关键词，归纳主要主题。

(2) 基本数据汇总：

平均分分析：找出评分表中的最高分、最低分和整体趋势，了解学生的整体表现。

关键点总结：从观察和访谈中挑选3—5个最常见的困难或有代表性的思维过程，简要描述。

问卷汇总：以柱状图或饼图的形式展示问卷中学生对思维导图的反馈，例如，是否觉得思维导图有帮助。

(3) 关联分析：

对比高分与低分学生的课堂行为和问卷反馈，寻找共性和差异。

在问卷和访谈中，找出与评分结果相符或矛盾的点，以便进行简单解释。

2. 结合研究问题的解读建议

● 研究问题1：思维导图是否有效提升了学生的结构化思维能力？

通过评分表，观察学生在逻辑性和完整性上的平均得分。结合问卷中学生的反馈（如是否觉得思维导图帮助他们更好地理解地理概念），来说明其有效性。

在观察和访谈记录中，标注学生如何解释自己的思维过程，以支持定性的结论。

● 研究问题2：学生在制作思维导图的过程中遇到的主要挑战是什么？

整理课堂观察和访谈记录，找出重复出现的困难点，如"如何组织信息""如何分层次"等。

结合评分表中某些较低的评分项目（如逻辑关联性），指出这些困难可能影响了学生的表现。

● 研究问题3：学生对于思维导图在学习中的体验如何？

汇总问卷中学生的总体反馈，如有多少比例的学生认为思维导图帮助他们提升了学习效果。可以用简单的图表呈现。

在访谈中，引用一些学生的具体表述，以增强结论的生动性和说服力。

在 ChatGPT 给出的回答中，所设计的观察记录表和思维导图评分表紧密贴合研究主题，准确反映了对学生结构化思维能力的评估要求，而且具有较高的实用性和易操作性。在数据分析方面给出的分析建议也具有很强的可操作性，并紧扣研究问题的指向。这些建议能够帮助徐老师系统地分析学生在思维导图学习过程中的表现，识别教学干预的效果，为研究提供有价值的发现和结论。

（4）应用建议

在开展行动研究中，数据收集与分析工作往往是教师面临的难点和痛点。ChatGPT 在这一阶段可以为教师提供重要帮助。教师在与 ChatGPT 对话时，应结合自身的研究主题，清晰描述研究问题、研究实施情况，以及数据收集或分析过程中遇到的具体问题，明确提出需要的帮助和建议。必要时，教师可以采用渐进式对话的方式，先解决主要问题，再深入细节，并根据反馈及时调整对话方向，逐步深入解决问题。

此外，由于中小学科研并不需要过于学术化的深度数据分析，在与 ChatGPT 交流时，教师可以要求根据中小学科研的实际情境，简化分析内容和分析深度，使得分析结果更易于理解和应用在教学实践中。

6.3.3 ChatGPT 辅助调整计划与改进行动

（1）对话目标

在行动研究的"调整计划与新一轮行动"中，教师需要基于第一轮研究的发现重新规划和实施教学干预，与 ChatGPT 的对话主要围绕获取教学策略优化建议、设计具体实施步骤、制定新的评估标准，以及预判可能出现的问题等方面展开。这一阶段的对话目标是帮助教师将反思结果转化为具体可行的教学方案，确保新一轮行动能够更有效地解决已发现的问题。

（2）提示语设计

在这一阶段，教师使用提示语与 ChatGPT 展开互动，有效的提示语设计应符合以下要点：详细描述第一轮研究的实施情况和反思发现的问题；明确说明预期的改进目标；提出明确的帮助需求。其提示语设计模板如下：

"在［研究主题］的第一轮行动中，我发现［具体问题］。通过数据分析，发现主要原因是［问题成因］。为改进这一问题，我计划在第二轮行动中［初步设想］。请帮我：1）分析这一改进思路的可行性；2）设计具体的教学策略；3）提供实施建议。"

(3) 对话示例

在地理概念理解的行动案例中，徐老师应用上述提示语模板，设计了以下问题，与 ChatGPT 围绕计划调整与改进进行了对话。

> **徐老师**：在"利用思维导图提升学生地理概念结构化思维能力"的第一轮行动中，我发现学生虽然能够借助思维导图工具分析地理概念关系，但缺乏主动构建知识框架的意识。通过分析课堂录像、学生作业和访谈数据，发现主要原因是教学活动过于关注工具使用的技术层面，而忽视了培养学生自主探究概念关系的能力。为改进这一问题，我计划在第二轮行动中增加学生自主构建地理概念关系的任务，设计更多支持性的教学策略。请帮我：1) 分析这一改进思路的可行性。2) 设计具体的教学策略，包括任务设计和支持方式。3) 提供课堂实施建议，特别是如何引导学生从被动使用工具转向主动探究。

> **ChatGPT**（部分回答）
>
> **1. 改进思路的可行性分析**
> - **符合教育目标**：促进学生的结构化思维和自主学习能力，是教育中培养高阶思维的重要目标。
> - **现有资源利用**：思维导图工具的基础已经在学生中普及，增加任务不会带来太大的学习负担。
> - **支持性策略的实施**：教师可以逐步引导学生，提供适度的支持以帮助他们适应从被动使用工具到主动构建知识的过渡。
>
> **2. 具体教学策略设计**
>
> (1) 任务设计：
> - **自主构建任务**：让学生选择一个地理主题（如"河流与地貌"或"气候类型与植被分布"），要求他们利用思维导图工具主动构建该主题下的概念关系网，并解释每个分支的联系和逻辑。
> - **小组合作任务**：设计小组任务，让学生在小组中讨论和构建一个共同的思维导图，然后进行展示和讲解，促进集体智慧和交流。

- 探究任务结合案例：引入实际案例，如某一地理现象（如沙漠化），让学生分析其形成原因及影响，并将结果以思维导图形式展现。

(2) 支持方式：

- 引导性问题：提供一系列问题，引导学生进行深入思考，例如："这些概念之间有什么联系？""这种联系在现实中如何体现？"
- 思维模型展示：展示一两个优秀的学生思维导图或教师自己设计的范例，以示范如何将概念进行系统连接。
- 反馈与讨论：鼓励学生在完成初稿后进行小组讨论，互相提供建设性反馈，再进行修改和完善。

3. 课堂实施建议

(1) 引导学生从被动使用工具转向主动探究的方法：

- 初期指导：在任务开始时，通过引导性教学向学生解释自主探究的目的和方法。强调构建知识框架的重要性，而不仅是使用工具的技术细节。
- 逐步放手：先进行引导和示范，随后逐步减少教师的干预，给学生更多自主时间和空间，以便他们探索和总结自己的知识体系。
- 思维导图审视环节：设立专门的"审视环节"，在学生完成导图后，进行全班或小组的展示和讲解，讨论各自的思路和选择。这不仅让学生有机会展示成果，还能通过分享和对比，启发彼此的思维。
- 激励机制：设置奖励机制或激励措施，如给出表现优秀的思维导图实例，让学生感受到成就感，进一步激发他们的主动性。

(2) 课堂细节实施：

- 预设问题的提出：在开始自主任务前，教师可以提出几个预设问题，帮助学生启动思考。例如："如果你要从大到小地分解这个主题，哪些方面最重要？"
- 过程中的支持：教师巡回观察学生的工作过程，适时提供帮助或提示，解答学生的疑问，避免学生在任务中卡壳或感到无所适从。
- 总结和反思：在任务结束后，进行课堂总结，引导学生反思自己的思维过程和收获，并讨论如何在下一次构建中改进。

ChatGPT 的回答从理论和实践两个层面分析了改进思路的可行性，并在教学策略设计上提出了具体的任务方案，包括自主构建、小组合作和案例探究等多样化任务，配套有引导性问题、思维模型展示和反馈讨论等支持方式。在课堂实施建议中，详细说明了如何通过初期指导、逐步放手、审视环节和激励机制等方法，引导学生从被动使用工具转向主动探究。这些建议具有较强的可操作性，为徐老师的第二轮行动研究提供了完整的教学改进指导。

（4）应用建议

在行动研究的调整计划与改进行动阶段，教师应基于第一轮研究的发现，与 ChatGPT 进行有针对性的对话：a. 教师应系统总结第一轮研究中发现的问题和数据分析结果，明确具体问题的表现及其可能原因；b. 在与 ChatGPT 对话时，可使用结构化的提示语，详细描述研究情况、问题发现和初步改进设想，并明确需要的帮助，如方案可行性分析、具体教学策略设计和实施建议等；c. 在分析建议时，教师应结合实际教学情境进行调整，将反思结果转化为具体可行的教学方案。

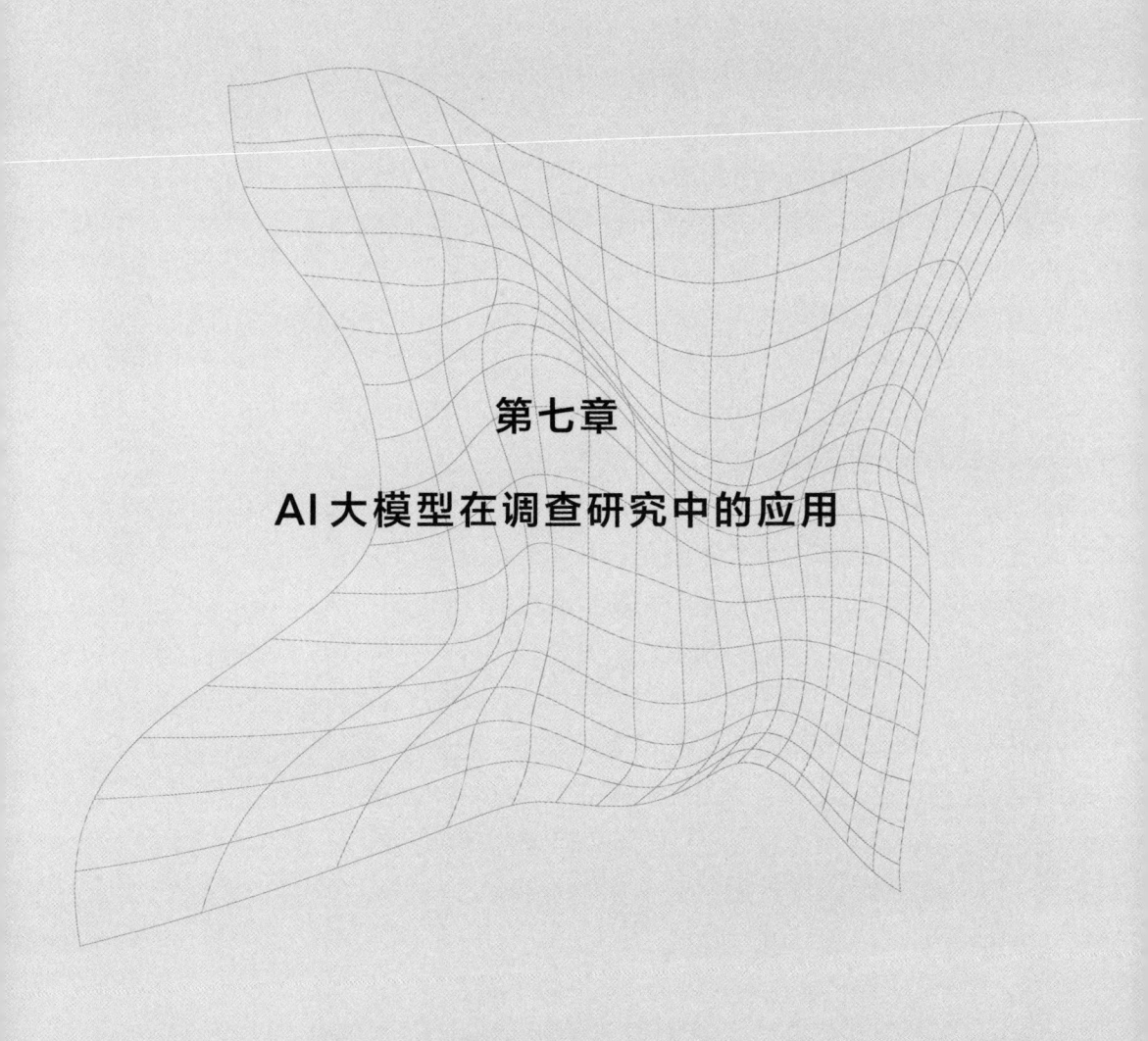

第七章

AI 大模型在调查研究中的应用

调查研究在中小学教育科研中是一种普遍应用的研究方法。它能帮助教师系统地收集和分析与学生学习、教师教学、课程设置、教育政策和学校环境相关的数据。通过调查研究，教师不仅能掌握教育现象的普遍趋势，还能深入探究这些趋势背后的原因和机制，为改进教学实践提供科学依据。

本章将结合教育调查研究的特点和实施要求，探讨如何利用 ChatGPT 来协助教师开展调查研究，提升调查研究的质量和效率。

7.1 调查研究概述

7.1.1 调查研究的概念

调查研究是教师通过选取具有代表性的样本，运用问卷、访谈和观察等方法，对教育现象进行系统性描述和探索的研究方法。它能帮助教师深入了解教育实践中的特征和规律，为改进教学提供科学依据。

调查研究主要分为三种类型：

（1）描述性调查：对教育现象进行系统描述。如调查学生的课外阅读时间和阅读偏好，了解班级的整体阅读现状。

（2）相关性调查：探究不同变量之间的关联。如分析学生的学习动机与学习成绩之间的关系，虽不能确定因果，但有助于发现潜在联系。

（3）因果性调查：通过比较研究不同因素对教育现象的影响。如比较采用不同教学方法的班级在学习成效上的差异，探索教学策略的有效性。

这三种类型的调查研究为教师提供了不同视角和方法，可以帮助教师更好地理解和改进教育实践。

7.1.2 调查研究的特点

中小学调查研究的主要特点包括：实践导向性，强调研究应能够为课堂教学提供实际帮助和改进建议；方法科学性，要求数据的收集和分析过程规范严谨，以提高研究结果的可靠性；伦理考量，在整个研究过程中，应把保护学生和其他参与者的权益放在首位。

(1) 实践导向性

中小学教育调查研究的实践导向性主要体现在三个方面：a. 研究问题必须源自日常教学实践，而不是空泛的理论假设；b. 研究过程要立足于真实的教学情境，关注教与学的实际问题；c. 研究结果要能转化为具体的教学改进方案，直接服务于教学实践。

例如，于老师在发现班上学生的课堂参与度不高后，通过问卷和观察记录，了解到学生对传统的提问方式缺乏兴趣。基于这一发现，他在课堂中增加了小组讨论和互评环节，让学生有更多表达和交流的机会。这样的调整确实提高了学生参与课堂的积极性，也促进了他们之间的互助学习。

教师通过调查研究的方式，既能发现和解决教学中的实际问题，又能在解决问题的过程中提升教学能力，形成研究促进教学、教学深化研究的良性循环。

(2) 方法科学性

教师在开展调查研究时要特别注意研究方法的科学性。具体来说，要做好三个主要环节：研究设计要有明确的目标和合适的方法；收集数据时要选对工具和范围；分析数据时要用准确的统计方法。

例如，洪老师通过问卷调查研究学生学习动机表现情况。在研究设计上，她首先通过观察和与学生交谈，明确了要了解的具体问题，然后请教有经验的老师，设计了包含学习兴趣、学习态度等方面的调查问卷。为了确保数据的可靠性，她选择在周中的上午进行问卷调查，并向学生说明要如实作答。在整理数据时，她剔除了明显敷衍的问卷，对有效问卷进行了认真统计和分类。通过这些严谨的步骤，她获得了可信的结论：大部分学生对课程内容感兴趣，但缺乏主动探究的动力。

在教育研究中，严谨的研究方法就像是一把准确的尺子，能帮助我们获得真实可信的结果。只有保证研究过程的科学性，我们才能找到教学中真正的问题，进而制定有效的改进措施。

(3) 伦理考量

在中小学开展调查研究应遵守伦理规范，主要体现在三个方面：a. 要尊重参与者的意愿，事先征得学生、家长或其他参与者的同意；b. 要保护参与者的隐私，对收集的信息严格保密；c. 要确保研究过程不会对参与者造成任何负面影响，特别是要避免影响学生的正常学习和心理健康。

例如，曹老师在调查学生作业完成情况时，首先通过家长会向家长说明了研究目的和具体内容，取得了家长的支持。在收集数据时，她用编号代替学生姓名，确保信息的匿名性。在分析结果时，她只呈现整体数据，避免针对个别学生进行评价。这些做法既保护了学生的隐私权益，也让研究得到了家长和学生的积极配合。

7.1.3 调查研究的信度和效度

在教育调查研究中，教师应关注研究工具的信度和效度，因为它们直接影响我们能否获得真实可靠的研究结果。信度指的是测量结果的一致性，也就是说，如果我们用一份问卷调查学生的学习动机，信度高的问卷意味着学生在不同时间填写时，答案应当大致一致；或者在问卷中，测量同一方面的不同题目时，学生的回答也应该保持一致。效度则指的是测量的准确性，即问卷是否真正测量了我们想要了解的内容。例如，如果我们想了解学生的学习动机，那么问卷中的题目应确实与学习动机相关，而不应偏离主题。这两方面的关注有助于确保调查工具所收集的数据具有科学性和解释力。

孟老师在设计"初中生学习习惯调查问卷"时，就很注意信度和效度的问题。为了提高问卷的信度，她设计了多个相似的题目来测量同一个方面，比如对预习习惯的调查，她设计了"我会提前预习新课内容""我习惯在上课前看一看要学习的内容"等相关题目。为了保证效度，她仔细研究了学习习惯的主要内容，确保问卷涵盖了预习、听课、作业完成等关键方面，并请有经验的教师帮助审查每个题目是否准确反映学习习惯的特征。

另外，教师在设计问卷时还要特别注意：题目要清晰易懂，避免产生歧义；相关题目要保持一致性；所有题目都要紧扣我们要研究的主题。只有这样，才能获得真实可靠的研究结果。

7.2 调查研究的实施步骤

在中小学开展调查研究时，为了确保调查研究的有效性和科学性，教师需要遵循一系列步骤，包括：制定调查方案——收集调查数据——分析调查数据——撰写调查报告，如图 7-1 所示。

> 制定调查方案 ① → 收集调查数据 ② → 分析调查数据 ③ → 撰写调查报告 ④

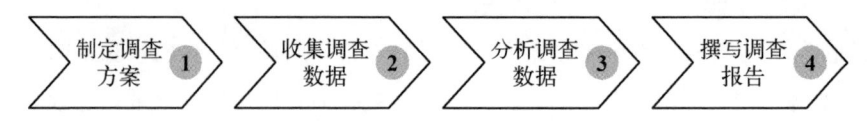

图 7-1　中小学调查研究的步骤

7.2.1　步骤 1：制定调查方案

制定调查方案是整个研究的基础环节，通常包括三个关键要点：首先，要明确研究目的和具体问题；其次，确定调查对象和调查方式；最后，要做好各项准备工作。下面以一个案例来说明如何进行这些步骤。

胡老师在调查"初中生课外阅读现状"时，首先明确了他的研究目的，即要了解学生的阅读兴趣、阅读时间和阅读习惯这三个具体问题。在确定调查对象时，胡老师选择了七年级四个班级的全体学生作为调查对象，以确保能够获得较为完整和具有代表性的年级数据。为了获取更加全面的信息，他设计了一份包含选择题和开放题的问卷，并计划对部分学生进行补充访谈，以深入了解一些典型的阅读行为和态度。在正式实施之前，胡老师还做了充分的准备工作：第一，他征得了学校和家长的同意；第二，他在其中一个班级进行了预调查，并根据反馈修改完善了问卷；第三，他制定了详细的时间安排，计划在期中考试后的语文课上进行统一调查。

在制定调查方案时，教师需要特别注意以下几点。a. 研究问题要具体明确，避免设定过于宽泛的问题，以便能够有效地进行数据分析。b. 调查对象的选择要考虑数据的代表性和完整性，确保研究结果能够反映整体情况。c. 时间安排要合理，尽量不干扰学校的正常教学秩序。d. 必须严格遵守研究伦理，确保参与者的权益得到尊重和保护，包括知情同意和隐私保护。

7.2.2　步骤 2：收集调查数据

在"收集调查数据"阶段，教师需要按照制定的方案，通过问卷调查、访谈或观察等方式系统地收集数据，并确保数据的真实性和完整性。整个过程应当做到规范、有序，同时注意保护参与者的隐私。

例如，方老师在调查"初中生移动设备使用情况"时，首先在班主任会议上说明了调查的目的，得到了各班主任的支持。在问卷调查环节，她选择在周三下午的班会课上统一发放纸质问卷，并明确告知学生，这不是考试，希望大家能够如实填写。在问卷调查之后，为了进一步了解一些典型情况，方老师还在课后对 5 位学生进行了单独访谈，访谈地点选择在图书馆的小组讨论室，以确保环境相对安静。在访谈过程中，她使用手机录音，并在结束后及时整理访谈记录。此外，她还在接下来的一周内对三个班级进行了课堂观察，重点记录学生在课堂上使用移动设备的情况。所有收集到的数据都进行了统一编号保存，未使用学生的真实姓名，以保护学生的隐私。

教师在收集调查数据时需要注意以下几点。a. 选择合适的时间和地点，确保调查不影响正常的教学活动。b. 说明调查目的，让参与者了解并消除顾虑，从而获得真实的反馈。c. 保持客观立场，不要诱导或影响参与者的回答，确保数据的公正性。d. 及时整理收集到的数据，并确保数据的安全以及参与者的隐私得到保护。

7.2.3　步骤 3：分析调查数据

在"分析调查数据"阶段，教师需要对收集到的数据进行整理和深入分析，以发现其中的规律和问题，为改进教学提供有力的依据。这个阶段主要包括对量化数据的统计分析、对质性数据的分类归纳，并将两类数据结合起来进行综合解释。

例如，沈老师在调查"学生课外阅读兴趣"时，首先用 Excel 对问卷数据进行了整理，计算了学生对不同类型图书的阅读比例，并使用饼图直观地呈现这些结果。接着，他详细阅读了 5 位学生的访谈记录，将学生的回答按照"阅读动机""阅读障碍""阅读偏好"等类别进行分类。在分析的过程中，他发现，问卷数据显示有 40% 的学生最喜欢科幻类图书，而访谈记录则进一步揭示了原因：学生们表示他们喜欢科幻小说，是因为这些书籍富有想象力，情节非常吸引人。通过结合量化数据和质性数据的分析，沈老师不仅了解了学生的阅读偏好，还深入理解了这些偏好背后的原因。

在分析数据时，教师需要特别注意以下几点。a. 以研究目的为导向，确保分析过程始终聚焦于研究的问题和目标。b. 关注数据中的规律和特殊现象，从中发现潜在的教育问题和改进机会。c. 结合量化分析和质性分析，通过不同类型的数据相互印证，得出更全面的结论。d. 及时记录分析中的发现和思考，以便在后续阶段参考和分享。

7.2.4　步骤 4：撰写调查报告

"撰写调查报告"是总结研究发现、分享教学智慧的重要环节。一份好的调查报告能帮助我们系统呈现研究过程，清晰传达研究发现，为教学改进提供有价值的参考。

调查报告通常遵循"背景——方法——发现——建议"的基本结构，包含四个部分。前言部分介绍调查的背景情况，包括研究对象的特点、现状，以及相关的政策和社会环境，帮助读者理解开展调查的必要性。调查方法部分说明具体研究目的、调查形式和对象范围，体现研究的规范性。调查发现是报告的核心，采用现状特点到主要问题的递进式结构，便于读者理解研究结果。对策建议部分则针对性地提出具体可行的改进方案。

例如，周老师在研究"初中生英语学习困难"时，撰写了一份很有特色的调查报告。她首先用简明的语言介绍了研究背景：班级里有部分学生英语成绩持续低迷，她想了解背后的原因。在调查方法部分，她详细说明了调查对象（75 名七年级学生）和调查方式（问卷调查和个别访谈）。在调查发现部分，她用饼图展示了学生在不同类型题目上的错误比例，并引用了学生访谈中的典型回答："我觉得语法规则太难记了"。最后，她根据发现提出了具体的教学建议，如增加情境教学、设计分层作业等。报告中，她注意用标题和小标题划分层次，重要数据用表格呈现，关键发现用醒目的字体标出，整体布局清晰，便于阅读。整份报告语言平实，论述有据，很好地展现了研究成果。

撰写报告时，教师要注意以下几点。a. 报告结构要完整，包括研究背景、调查过程、结果分析和改进建议。b. 使用图表等形式直观呈现数据，重要内容要突出显示。c. 语言要清晰易懂，避免专业术语，善用小标题和段落划分。d. 结论和建议要具体可行，便于其他教师借鉴。e. 在写作技巧上，要注意文字表达简洁明了，段落之间要有合理的过渡，数据分析要客观准确，引用要恰当得当。

7.3　ChatGPT 辅助调查研究的方法

在一线教师开展调查研究的各个阶段，从制定调查方案、收集调查数据，到分析调查数据以及撰写调查报告，整个过程都可以通过与 ChatGPT 的互动获得帮助。本节根据调查研究过程的三个关键环节：设计调查工具、分析调查数据和撰写调查报告，结合案例，围绕教师与 ChatGPT 进行对话的"对话目标、提示语设计、对话示例及应用建议"展开分析。

【案例描述】

某中学近期开展了一项关于"学生对人工智能技术的认知、态度和伦理意识"的调查研究，由该校信息技术教研组长刘老师负责主持。学校此前已经开设了 AI 相关课程，并配备了部分 AI 教学设备，但尚未对其效果进行系统评估。因此，学校希望通过此次调查深入了解学生的需求，为优化现有课程及未来 AI 教育的发展规划提供科学依据。在研究设计阶段，刘老师团队借助 ChatGPT 的帮助设计了调查问卷，在数据收集完成后，团队再次使用 ChatGPT 进行数据的统计和分析。在撰写调查报告时，ChatGPT 协助团队梳理研究框架，整合数据分析结果，并对报告进行了修改和完善。

7.3.1 ChatGPT 辅助设计调查工具

（1）对话目标

在调查研究的工具设计阶段，教师与 ChatGPT 的互动应围绕以下目标展开：设计能够反映研究问题的调查框架，确保研究维度的设计全面且覆盖核心问题；开发清晰合理的问卷和访谈工具，优化问题结构和表述。

（2）提示语设计

在调查工具的设计阶段，教师在设计与 ChatGPT 的对话提示语时，可遵循"提示语＝描述问题背景＋提出任务目标＋明确输出要求"的基本结构。具体而言，需要明确研究背景（包括调查对象和目的），具体说明任务目标（如维度设计、题目开发等），并提供已有的研究想法，以获得更有针对性的建议。

基于任务拆解、分步提问和循序优化等策略，调查工具的提示语可采用两种设计方式：通过结构化方式设计综合提示语，在单次对话中完成任务拆解，适用于明确的任务；通过多轮对话设计分阶段提示语，适用于复杂任务。前者操作便捷，后者便于优化调整。

a. 设计调查工具的综合提示语模板：

"我正在开展［研究主题］的调查研究。本研究旨在［研究目的］，调查对象为［调查对象特征说明］。目前初步设计的研究问题是［描述研究问题］。

请协助完成以下任务：

(a) 设计调查维度和指标体系。

(b) 基于上述维度开发调查题目，需要包含［具体要求］。"

b. 设计调查工具的分阶段提示语模板：

● 第一阶段：设计调查维度

"我正在开展［研究主题］的调查研究。本研究旨在［研究目的］，调查对象为［调查对象特征说明］。目前初步设计的研究问题是［描述研究问题］。请帮我设计适合的调查维度和指标体系。"

● 第二阶段：设计调查题目

"基于已确定的调查维度和指标体系，请帮我设计调查题目。具体要求如下：

（a）题型设计：需包含［题型种类及比例］。

（b）难度水平：适合［目标对象特征］的认知水平。

（c）题目数量：每个维度［具体数量］个题目。"

（3）对话示例

在人工智能调查案例中，刘老师应用设计调查工具的综合提示语模板，设计了以下问题，与 ChatGPT 进行了对话。

刘老师：我正在开展学生人工智能技术认知、态度和伦理意识的调查研究。本研究旨在了解中学生对 AI 技术的认知水平、使用态度和伦理意识现状，调查对象为我校初高中在校学生。目前已初步确定三个主要研究问题：学生对 AI 技术的认知程度、使用态度和行为特征、伦理认识和判断能力，想采用问卷调查的方式开展研究。

请协助完成以下任务：

1. 设计调查维度和指标体系。
2. 基于上述维度开发调查题目，适合中学生认知水平，每个维度设计 3—5 个选择题和 1 个开放性问题。

ChatGPT（部分回答）

1. 调查维度与指标体系

根据研究目标和问题，设计以下调查维度和指标体系：

（1）人工智能认知

● 基础知识掌握：对 AI 技术基本概念和原理的了解程度。

- 应用认知：对 AI 技术实际应用场景的认知水平。
- 发展趋势认知：对 AI 技术发展趋势及其社会影响的了解程度。

(2) 使用态度与行为特征
- 兴趣与意愿：对 AI 技术的兴趣和使用意愿。
- 实际使用情况：AI 相关工具或技术的使用频率及场景。
- 学习与探索：主动学习 AI 技术的行为和方式。

(3) 伦理意识
- 公平与偏见认知：对 AI 技术可能存在的偏见和公平性问题的认知。
- 隐私与安全意识：对数据隐私和安全问题的关注程度。
- 社会影响判断：对 AI 技术对社会伦理和道德影响的评价。

2. 基于维度设计调查题目

维度 1：人工智能认知

选择题：

(1) 你对以下人工智能相关概念的了解程度如何？（可多选）

A. 机器学习　　　B. 人工神经网络　　C. 自然语言处理　　D. 深度学习

(2) 以下哪些是人工智能的实际应用场景？（可多选）

A. 推荐系统（如视频网站推荐）　　　B. 自动驾驶汽车

C. 智能翻译（如在线翻译工具）　　　D. 金属冶炼

(3) 你认为以下哪项是人工智能未来发展的重要领域？（单选）

A. 医疗健康　　B. 金融科技　　C. 教育创新　　D. 其他（请填写）

(4) 你在课堂或课外活动中是否接触过 AI 相关内容？（单选）

A. 经常接触　　B. 偶尔接触　　C. 从未接触

开放题：请简述你认为人工智能在哪些领域对日常生活产生了重要影响？

（以下略）

在 ChatGPT 的回答中，针对刘老师关于学生 AI 认知、态度和伦理意识的调查目标，提供了调查维度和指标体系的设计方案，以及基于维度开发的具体调查题目。设计内容涵盖了人工智能认知、使用态度与行为特征、伦理意识三大维度，每个维度包括 3—5 个选择题和 1 个开放题，题目表述贴合中学生认知特点，选项设计注重区分度。这一设计方案全面覆盖了研究目标，并通过多样化的题型，使研究获取了更丰富的调查数据。

(4) 应用建议

在设计调查工具阶段，教师与 ChatGPT 对话时的提示语设计需注意以下几点：

a. 要明确表述研究主题、目的和调查对象，帮助 ChatGPT 准确理解我们的研究需求。比如进行 AI 认知调查时，要清晰说明是针对哪个学段的学生，想了解他们在认知、态度等哪些方面的具体情况。

b. 要完整提供研究背景和已有工作基础。告诉 ChatGPT 我们已经做了哪些准备工作，有什么初步想法，需要在调查维度设计、题目开发和数据分析等哪些方面获得帮助。这样能让 ChatGPT 更有针对性地提供建议。

c. 提示语的内容最好按照"背景描述——任务目标——输出要求"的结构来组织，让整个表述更有条理。根据任务的复杂程度，可以选择一次性说明所有需求，或者通过分步骤逐步深入讨论。简单任务用综合提示语更便捷，复杂任务用分阶段提示语便于及时调整。

d. 要说明具体的输出要求，包括期望的格式和重点关注的事项。这样能帮助我们获得更实用、更符合需求的建议。

7.3.2 ChatGPT 辅助分析调查数据

(1) 对话目标

在分析调查数据阶段，教师可通过与 ChatGPT 对话获得两方面的支持：一是数据分析的技术指导，包括处理问卷的统计方法、展示数据的可视化方案，以及分析开放题和访谈记录等质性资料的思路；二是数据结果的解读建议，帮助理解统计结果的实际含义，发现数据中的规律特征，并探索如何将量化和质性数据的发现有机结合，形成更有说服力的研究结论。

(2) 提示语设计

为了达成数据分析和解读的对话目标，所设计的提示语应具备以下特征：在问题背景的描述中，要清晰说明研究主题、收集到的数据类型和数据特征；在提出任务目标时，需要明确说明想要通过数据分析了解哪些问题，期望得到什么类型的分析结果；在输出要求方面，要具体说明期望 ChatGPT 以什么形式呈现分析建议，如分析步骤的详细说明、数据可视化的具体方案等。结合中小学教师开展教育科研的特点，针对数据分析的实用性，降低数据分析的复杂性和分析深度，可以采用以下两个简易可行的提示语模板：

a. 数据分析方法指导的提示语模板

"我收集了［研究主题］的调查数据，包括［说明问卷数量、题目类型］。这些数据来自［调查对象特征］，主要想了解［核心研究问题］。请帮我：

（a）推荐简单实用的数据分析方法；

（b）说明如何用 Excel 进行基础统计分析；

（c）建议用表格或图表展示主要结果。

以下是部分数据示例：［提供简单数据样例，如某道题的答题分布］

希望分析方案尽量简单直观，便于实际操作。"

b. 数据分析结果解读的提示语模板

"我对［研究主题］的调查数据进行了简单分析，发现以下现象：

（a）［列出 2—3 个关键发现，用具体数字或比例说明］；

（b）［学生的典型回答或反馈］。

请帮我：

（a）用通俗易懂的语言解释这些发现说明了什么问题；

（b）对我的课堂教学有什么具体启示；

（c）给出 3—5 条实用的教学建议；

希望获得具体、可操作的指导意见。"

（3）对话示例

在人工智能调查案例中，刘老师应用了数据分析方法指导的提示语模板，设计了以下问题，与 ChatGPT 进行了对话。

> **刘老师**：我收集了学生 AI 技术认知和使用情况的调查数据，包括 200 份问卷（15 道 5 级量表选择题和 3 道开放题）。调查对象是初高中学生，主要想了解学生对 AI 的认识程度和使用情况。请帮我：
> 1. 推荐简单实用的数据分析方法。
> 2. 说明如何用 Excel 进行基础统计分析。
> 3. 建议用表格或图表展示主要结果。

以下是部分数据示例：

认知维度第1题（是否了解AI的基本概念）的答题分布：非常了解15%，比较了解45%，一般了解25%，不太了解10%，完全不了解5%；

使用态度维度第3题（是否愿意使用AI辅助学习）的均值为4.1分（满分5分）；

开放题常见回答："AI对学习很有帮助，但要适度使用"。

希望分析方案尽量简单直观，便于实际操作。

---

⑥ ChatGPT

数据分析方案

1. 推荐简单实用的数据分析方法

（1）选择题数据（量表）

- 描述性统计：计算每道题的平均分和标准差，了解学生的总体趋势。
- 分布统计：统计每个选项的百分比，分析学生在不同认知层级或态度上的分布特点。
- 差异分析（可选）：按年级（初中、高中）分组计算平均分，简单比较认知和态度的差异。

（2）开放题数据

- 关键词提取：手动提取高频关键词或短语，如"帮助学习""隐私担忧""适度使用"。
- 主题归类：将回答分为2—3个主要主题（如正面、担忧、中性），统计各主题的比例。

2. Excel进行基础统计分析

（1）数据整理

- 将问卷数据输入Excel，按学生和题目分列。
- 为每道选择题创建一个列，填写1—5的得分值（5为最高分）。
- 开放题答案单独列出，用于分类和关键词提取。

（2）统计描述性数据

- 平均分：使用公式＝AVERAGE（数据范围）计算每道题的平均分。

- 标准差：使用公式＝STDEV.P（数据范围）计算每道题的标准差。
- 选项分布：在一个表格中统计每个选项的频数，用公式＝COUNTIF（数据范围，值），计算各选项的百分比，用公式＝频数/总数＊100。

(3) 开放题分析
- 将开放题答案导入 Excel。
- 逐条阅读并提取关键词，创建关键词频数表。
- 分类答案主题（如"帮助学习""隐私担忧"），在 Excel 中手动标注并统计频率。

3. 表格与图表展示主要结果

(1) 表格展示
- 选择题描述统计表：

题目编号	平均分	标准差	非常同意（5分）	同意（4分）	一般（3分）	不同意（2分）	非常不同意（1分）
Q1	4.1	0.7	40%	35%	20%	3%	2%

- 开放题关键词表：

关键词	出现次数	百分比
帮助学习	50	25%
隐私担忧	30	15%
适度使用	20	10%

(2) 图表展示
- 柱状图：展示选择题每个选项的百分比分布。
- 饼图：显示开放题关键词或主题分类的比例。
- 分组柱状图：比较不同年级在认知或态度维度的平均分。

4. 简化后的分析步骤
(1) 选择题数据：用 Excel 计算平均分和分布百分比，制成柱状图或分布表。
(2) 开放题数据：提取关键词并按主题分类，生成关键词表和饼图。
(3) 结果展示：使用表格呈现统计数据，用直观的柱状图和饼图补充，便于解读。

在希望获得数据结果解读的帮助时,刘老师应用了数据分析结果解读的提示语模板,设计了以下问题,与 ChatGPT 进行了对话。

刘老师:我对学生使用 AI 学习情况的调查数据进行了简单分析,发现以下现象:

(1) 班上 80% 的学生经常使用 AI 完成作业,但主要是用来查答案;

(2) 学生反馈最多的是"不知道怎么合理使用 AI 学习"。

请帮我:

1. 用通俗易懂的语言解释这些发现说明了什么问题。
2. 对我的课堂教学有什么具体启示。
3. 给出 3—5 条实用的教学建议。

希望获得具体、可操作的指导意见。

⊛ ChatGPT

1. 发现说明了什么问题?

(1) AI 学习使用局限性:数据表明,大多数学生使用 AI 的方式主要是查答案,这表明他们对 AI 的应用停留在较浅层次,缺乏对 AI 的深度理解和合理使用能力。

(2) 学习方法指导缺失:学生反映"不知道怎么合理使用 AI 学习",说明他们对 AI 工具在学习中的潜力认识不足,缺乏相关的指导和实践。

(3) 依赖性强,主动性不足:过度依赖 AI 查答案可能降低学生独立思考的能力,表明需要帮助他们树立正确的学习观念。

2. 对课堂教学的具体启示

(1) 需要加强 AI 学习工具的教学引导:学生对 AI 学习工具的功能了解不充分,教师应系统性地教会学生如何将 AI 用于学习的各个环节,如知识探索、问题解决和思维扩展。

(2) 培养学生的学习主动性和批判性思维:通过引导学生合理使用 AI 工具,可以帮助他们将注意力从"答案获取"转移到"知识构建"和"问题解决"上。

(3) 提供实践机会与反馈：在课堂上模拟 AI 学习场景，让学生尝试并反思不同的使用方式，可以有效提高他们的学习效率和技能。

3. 实用教学建议

(1) 开设 AI 学习工具使用工作坊：定期组织课堂活动，向学生介绍 AI 工具的多种功能，并结合实际案例演示其在信息整理、研究方法、学习反馈等方面的应用。

示例：教学生用 AI 总结课文重点、生成讨论问题或改进写作。

(2) 设计分步式学习任务：为学生设计分步骤的学习任务，例如：

- 查资料阶段：引导学生用 AI 扩展知识点，并要求标明资料来源。
- 解决问题阶段：结合 AI 的反馈，思考问题解决策略，而不仅仅是接受答案。
- 反思阶段：让学生分析 AI 的输出是否准确并总结学习收获。

(3) 引入"AI 与人协作"讨论与反思：在课堂中安排小组讨论，探讨 AI 在学习中的优劣势。通过案例分析，帮助学生认识到 AI 是工具而非替代品，学会合理取舍。

示例问题："AI 生成的答案和课本上的知识有何不同？你更信任哪个？为什么？"

(4) 融入课堂评价与反馈：在布置任务时，让学生提交自己的答案与 AI 辅助的答案对比，通过教师点评和课堂讨论，指导学生在"合作中学习"。

(5) 以项目学习整合 AI 工具：设计跨学科项目（如科学实验或历史研究），要求学生结合 AI 工具完成资料搜集、分析和报告撰写，培养他们综合使用 AI 学习的能力。

示例：让学生用 AI 生成研究框架，再结合自己对主题的理解进行补充和修改。

ChatGPT 在数据分析方面提供了两方面指导。一是简单实用的分析方法，包括用 Excel 处理选择题的基础统计和分布分析，对开放题回答进行主题归类，并通过图表直观展示分析结果。这些建议降低了教师进行数据分析的技术门槛，便于快速掌握和操作。二是针对分析结果的实践性解读。ChatGPT 帮助教师理解数据背后反映的问题，如学生过度依赖 AI 查答案、缺乏合理使用 AI 的能力等。更重要的是，它提供了具体的教学改进建议，如设计 AI 学习工作坊、开展分步式学习任务等，这些建议都很贴近教学实际，便于教师采纳实施。

（4）应用建议

在调查数据分析和结果解读阶段，教师设计提示语时应把握三个要点。a. 要提供明确的研究信息，包括具体说明研究主题和目的、描述数据的基本特征（如样本量和题目类型），并展示典型的数据样例或初步统计结果，这些信息能帮助ChatGPT准确理解研究情境。b. 注意降低分析技术门槛，要求ChatGPT推荐简单可行的分析方法，指定使用Excel等常用工具进行数据处理，并强调用图表等方式直观展示分析结果，确保教师能够独立完成分析工作。c. 突出教学实践价值，要求ChatGPT用通俗易懂的语言解读分析结果，帮助发现结果对教学的具体启示，并提供切实可行的教学改进建议，使研究发现能真正服务于教学实践的提升。

7.3.3 ChatGPT辅助撰写调查报告

（1）对话目标

在撰写调查报告阶段，教师与ChatGPT对话主要围绕三个目标展开：一是获得科学合理的报告框架设计建议，包括报告的整体结构、各部分内容要素和重点关注方面；二是寻求内容组织和呈现的具体指导，包括如何有逻辑地串联研究问题、分析结果和实践启示，以及如何运用图表等形式展示关键发现；三是请求对报告初稿进行修改完善建议，包括调整内容结构、优化表述方式、补充必要论证等。

（2）提示语设计

在使用ChatGPT辅助撰写调查报告时，教师需根据不同阶段的目标设计相应提示语。在报告框架设计阶段，提示语应清晰描述研究主题、调查内容和数据特征，明确调查报告的基本结构，要求设计报告的各部分内容要素，并列出重点内容。在报告完善修改阶段，提示语围绕报告初稿和改进需求，可以将ChatGPT设定为教育研究报告审阅专家，要求其从结构、内容、表述等方面提出具体修改建议。根据这两个不同阶段的任务目标，可以分别设计两个提示语模板。

a. 报告框架设计提示语模板

"我需要撰写［研究主题］的调查报告，主要读者是［目标群体］，报告用途是［具体目的］。研究采用了［研究方法］，收集了［数据类型］。请按照"背景——方法——发现——建议"的基本结构，为我设计一个详细的报告框架，说明：

（a）前言（背景情况）应包含哪些内容；

（b）调查方法部分要说明哪些信息；

(c) 调查发现部分如何呈现主要现状和问题；
(d) 对策建议部分应该涵盖哪些方面。"

b. 调查报告修改提示语模板

"我已完成［研究主题］调查报告的初稿，但在内容、逻辑、表述等方面可能还需完善。请你作为教育研究报告审阅专家，从报告结构、内容分析和表述方式三个维度进行审阅。提出具体修改建议。

报告初稿内容如下：［报告文本］。"

(3) 对话示例

在人工智能调查案例中，刘老师应用调查报告框架设计的提示语模板，设计了以下问题，与ChatGPT围绕确定调查报告的框架进行了对话。

刘老师： 我正在撰写一份关于"学生人工智能技术认知、态度和伦理意识调查"的研究报告，主要读者是学校管理层和任课教师，目的是用于优化现有AI课程并制定未来的发展规划。研究采用了问卷调查、深度访谈和课堂观察等方法，收集了学生在AI认知水平、使用体验、态度倾向和伦理意识等方面的数据。希望报告框架遵循"背景——方法——发现——建议"的基本结构。请帮我设计一个详细的框架，包括：

1. 前言（背景情况）应包含哪些内容？
2. 调查方法部分需要说明哪些信息？
3. 调查发现部分如何呈现主要现状和问题？
4. 对策建议部分应该涵盖哪些方面？

请详细列出每部分的主要内容要素，并建议合适的数据展示方式。回答时采用标题、要点与文本结合的呈现方式，以方便理解和应用。

---

⑤ ChatGPT

研究报告框架：学生人工智能技术认知、态度和伦理意识调查

1. 前言（背景情况）

1.1 研究背景与意义
- AI在教育中的重要性：AI技术在现代教育中具有日益增长的重要性，特别

是在培养学生未来的创新与问题解决能力方面。
- 现有课程现状及不足：学校目前的 AI 课程在学生参与度和系统性理解方面存在一定不足，如部分学生对 AI 的理解停留在浅层次，缺乏深度学习和应用。
- 研究目的：

了解学生 AI 认知：评估学生对 AI 技术的认知水平和理解深度。

优化课程设计：为改进 AI 课程提供实证支持，制定未来发展规划。

1.2 研究目标与研究问题
- 研究目标：提高学生的 AI 认知水平，鼓励合理使用 AI 工具，增强学生对 AI 伦理的理解。
- 研究问题：学生对 AI 技术的认知水平如何？学生使用 AI 的频率和体验是什么样的？学生对 AI 的态度和伦理意识如何？

2. 调查方法

2.1 数据收集方式
- 问卷调查：

目的：了解学生的 AI 认知、态度和伦理意识。

设计内容：包括 15 道 5 级量表选择题和 3 道开放题，涵盖 AI 知识、使用习惯及伦理方面的看法。

样本描述：对象为初高中学生，共计 200 名，以确保数据的广泛代表性。
- 深度访谈：

访谈对象：从调查对象中选择代表性学生，获取深入见解。

核心问题：如"AI 对你的学习帮助有哪些？""你对 AI 隐私问题的看法如何？"
- 课堂观察：

观察内容：记录学生在课堂上使用 AI 工具的表现，包括参与积极性、应用方式和对问题的解决情况。

2.2 数据分析方法
- 量化数据分析：

描述性统计：计算平均分、标准差，分析不同年级学生的 AI 认知和态度。
- 定性数据分析：

关键词提取与主题分类：提取开放题和访谈记录中的关键词，归纳学生对 AI 的主要态度和看法。

3. 调查发现

3.1 学生 AI 技术认知现状

- 现状描述：大部分学生对 AI 的基本概念有一定了解，但知识较为表面，尤其在应用和未来发展的理解上仍存在较大差距。
- 数据支持：学生在 AI 基础认知方面的平均得分为 3.2（5 分为满分），说明学生的基础理解水平中等偏低。

3.2 使用体验与态度倾向

- 主要使用方式：80%的学生主要使用 AI 工具查找作业答案，说明他们更倾向于将 AI 作为"答案工具"。
- 态度表现：学生对 AI 总体持积极态度，态度得分平均为 4.1 分，但反馈"不知道如何合理使用 AI"的学生比例较高，表明需要更多指导。

3.3 伦理意识

- 关注内容：多数学生关注 AI 在隐私保护和公平性方面的伦理问题，但对这些问题的理解和应对措施并不充分。
- 访谈引述：例如，一位学生表示："AI 的隐私问题让我担忧，但我不清楚该如何避免数据泄露。"

3.4 主要问题

- 依赖性问题：过度依赖 AI 查答案，缺乏对问题独立思考的能力。
- 指导不足：学生对如何有效使用 AI 工具缺乏足够的指导，导致学习使用偏于表面化。

4. 对策建议

4.1 AI 课程优化

- 加强系统性指导：在课堂中加入关于 AI 工具的使用方法培训，帮助学生从"查找答案"扩展到"探索知识"和"解决问题"。
- 阶段性学习模块：根据年级和认知水平设计递进的 AI 课程模块，从基础知识到高级应用，循序渐进。

4.2 增强学生实践体验

- 丰富实践活动：设计以 AI 为基础的跨学科项目，例如，科学实验、创意写作等，通过多学科融合激发学生的创造力。
- 分步式任务引导：为学生设计多阶段的任务，从资料查找、数据分析到结果展示，全面融入 AI 工具的使用，培养综合运用能力。

4.3 融入 AI 伦理教育
- 案例分析：在课堂上讨论 AI 在伦理问题上的典型案例，比如 AI 在招聘中的偏见，帮助学生理解 AI 在社会应用中的挑战。
- 角色扮演模拟：通过角色扮演模拟数据隐私保护情境，让学生体验并理解数据保护的重要性。

4.4 教师培训
- AI 技能提升：定期组织教师 AI 技术培训，提高他们在课堂中使用 AI 工具的能力，从而有效指导学生学习。

5. 数据展示方式建议
- 在前言部分，用列表形式简要列出研究目标和研究问题，以增强条理性。
- 在方法和调查发现部分，结合柱状图、饼图和词云图等可视化方式，直观展示学生的 AI 认知和态度分布。例如，使用饼图呈现学生对 AI 使用频率的分布，用柱状图展示不同年级学生的平均得分。
- 在对策建议部分，用表格列出每个建议及其对应的实施措施和预期效果，便于管理层快速了解和实施。

在调查报告初稿完成后，刘老师希望就调查报告的修改与完善得到 ChatGPT 的帮助，他应用调查报告修改提示语模板，设计了以下问题，与 ChatGPT 进行了对话。

刘老师：我已完成"学生人工智能技术认知、态度和伦理意识的调查"研究报告的初稿，但在内容、逻辑、表述等方面可能还需完善。请你作为教育研究报告审阅专家，从结构、内容和表述方式三个维度，对报告初稿的研究背景进行审阅，提出具体修改建议。内容如下：

＃＃＃研究背景

随着人工智能技术的快速发展，AI 教育已经成为基础教育的重要内容。我校自 2022 年开始重视 AI 教育，购置了多台智能机器人，配备了 AI 实验室设备，还开发了校本课程。

为了解学生对 AI 技术的认知情况，评估已开展 AI 课程的效果，本研究在 2024 年 3 月至 4 月期间，对全校初高中学生开展了一次全面调查。通过问卷、访谈和课堂观察等方式，收集了学生在 AI 基础知识掌握、技术应用能力、学习态度和伦理意识等方面的数据。研究采用定量和定性相结合的方法，力求全面了解学生的 AI 学习现状。调查结果将为学校优化 AI 课程体系提供参考。

本研究由信息技术教研组承担，得到了学校领导的大力支持。我们设计了内容全面的调查问卷，开展了深入的访谈，进行了课堂观察。通过这些方式，我们希望能够系统评估现有 AI 教育的成效，发现存在的问题，为下一步工作提供依据。♯♯♯

---

⑤ ChatGPT

以下是针对"学生人工智能技术认知、态度和伦理意识的调查"研究报告初稿中研究背景部分的具体修改建议，涵盖结构、内容和表述方式三个方面：

1. 结构方面

- **分段结构更加清晰**：将研究背景分为更为清晰的小段，例如，将"学校的 AI 教育发展历程"和"研究的目的与方法"分为两个段落。这样可以帮助读者更好地理解背景和目的，增强逻辑结构的清晰度。

- **逻辑顺序调整**：建议先介绍人工智能教育的宏观背景，再描述学校自身的举措。例如，可以先说明 AI 教育在全国基础教育中的推广和重要性，然后引出我校的具体举措，这样的逻辑顺序更符合读者的阅读习惯。

2. 内容方面

- **增加宏观背景和意义**：建议在开头部分加入全国或国际范围内 AI 教育发展的背景数据或政策支持情况，例如，引用某些政府文件或统计数据，增强背景的权威性和合理性。这有助于突出研究的实际意义。

- **明确研究目标**：当前的描述过于简单，建议明确指出研究的具体目标，例如，"本研究旨在评估学生在 AI 知识、应用能力和伦理意识等方面的掌握情况，以识别目前课程中的不足和未来优化的方向"。这样可以使目标更加具体和聚焦。

- 减少重复信息:"通过问卷、访谈和课堂观察等方式"在前后出现了多次,建议精简描述,集中说明研究方法在后文介绍,避免内容重复。
- 加强研究的时效性:增加"为什么选择2024年3月至4月进行调查"的原因,例如,"选择该时段是为了在课程实施一段时间后评估效果",以增强研究时间选择的合理性。

3. 表述方式

- 去掉主观性和重复的表述:"我们希望能够系统评估现有AI教育的成效,发现存在的问题"中"我们希望"显得主观,建议改为"本研究旨在系统评估现有AI教育的成效,识别存在的问题,为下一步工作提供依据",这样表达更加客观和正式。
- 用更专业的术语:将"AI基础知识掌握、技术应用能力、学习态度和伦理意识"统一为"AI认知、技术应用、学习态度及伦理意识",这样用词更专业且一致。
- 简洁明了的描述:建议将"购置了多台智能机器人,配备了AI实验室设备,还开发了校本课程"修改为"学校购置智能机器人,配备AI实验室,并开发了校本课程",去掉不必要的赘述,使内容更加简洁明了。

改进后的背景描述建议

- AI教育的背景与发展:

随着人工智能技术的迅速发展,AI教育已成为基础教育的重要组成部分。在全国范围内,AI教育受到政策支持并逐步推广,以培养学生的科技素养和创新能力。

- 我校AI教育的实施情况:

我校自2022年起积极推进AI教育,购置了智能机器人、配备了AI实验室设备,并开发了校本课程,旨在为学生提供实践与探索AI技术的机会。

- 研究目的与方法:

为评估学生对AI技术的认知水平及已开展课程的效果,本研究于2024年3月至4月开展了一次覆盖全校初高中学生的全面调查,结合问卷、访谈及课堂观察,收集了学生在AI认知、技术应用、学习态度及伦理意识等方面的数据。本研究采用定量与定性相结合的方法,力求全面了解学生的AI学习现状,

> 为优化 AI 课程体系提供有力支持。
> - 研究团队与支持：
>   本研究由信息技术教研组承担，并得到了学校领导的支持，设计了内容全面的调查问卷，开展了深入访谈与课堂观察，以系统评估现有 AI 教育的成效并发现改进的方向。

ChatGPT 在调查报告撰写过程中提供了重要的支持。在报告初稿阶段，它基于调查报告的基本结构，提供了包含研究背景、研究方法、研究发现和建议等主要部分的框架，并为每个部分提供了明确的二级标题和内容要点指导，同时建议了适当的数据呈现方式和论述顺序。在报告修改阶段，ChatGPT 从结构完整性、内容严谨性和表述专业性三个维度出发，详细指出了需要补充或调整的具体内容，并提供了使报告更加清晰、专业的表达建议。这种分阶段、多层次的指导能够有效帮助教师完成规范、专业的调查报告撰写工作。

（4）应用建议

在撰写调查报告时，教师在设计或使用提示语时应注意以下几点。a. 在背景描述部分，教师应明确描述报告的主题、当前的写作阶段以及已掌握的材料情况，为 AI 提供充分的上下文信息，确保 AI 理解任务的背景和要求。b. 对于复杂的写作任务，可以通过设定 AI 的专业角色（例如，教育研究专家或报告审阅者），以提高 AI 回答的针对性和专业性，使其更符合实际需要。c. 在提示语的使用策略上，教师可以根据任务的复杂程度选择不同的提示方式。对于简单明确的任务，可使用综合性的提示语；而对于较为复杂的写作过程，则建议采用分阶段提示，逐步推进（如针对报告修改，分段或分节进行）。d. 教师还应根据 AI 的反馈及时补充和调整要求。无论采用哪种方式，都要确保任务要求清晰明确，逻辑连贯，避免出现重复或模糊不清的表述。

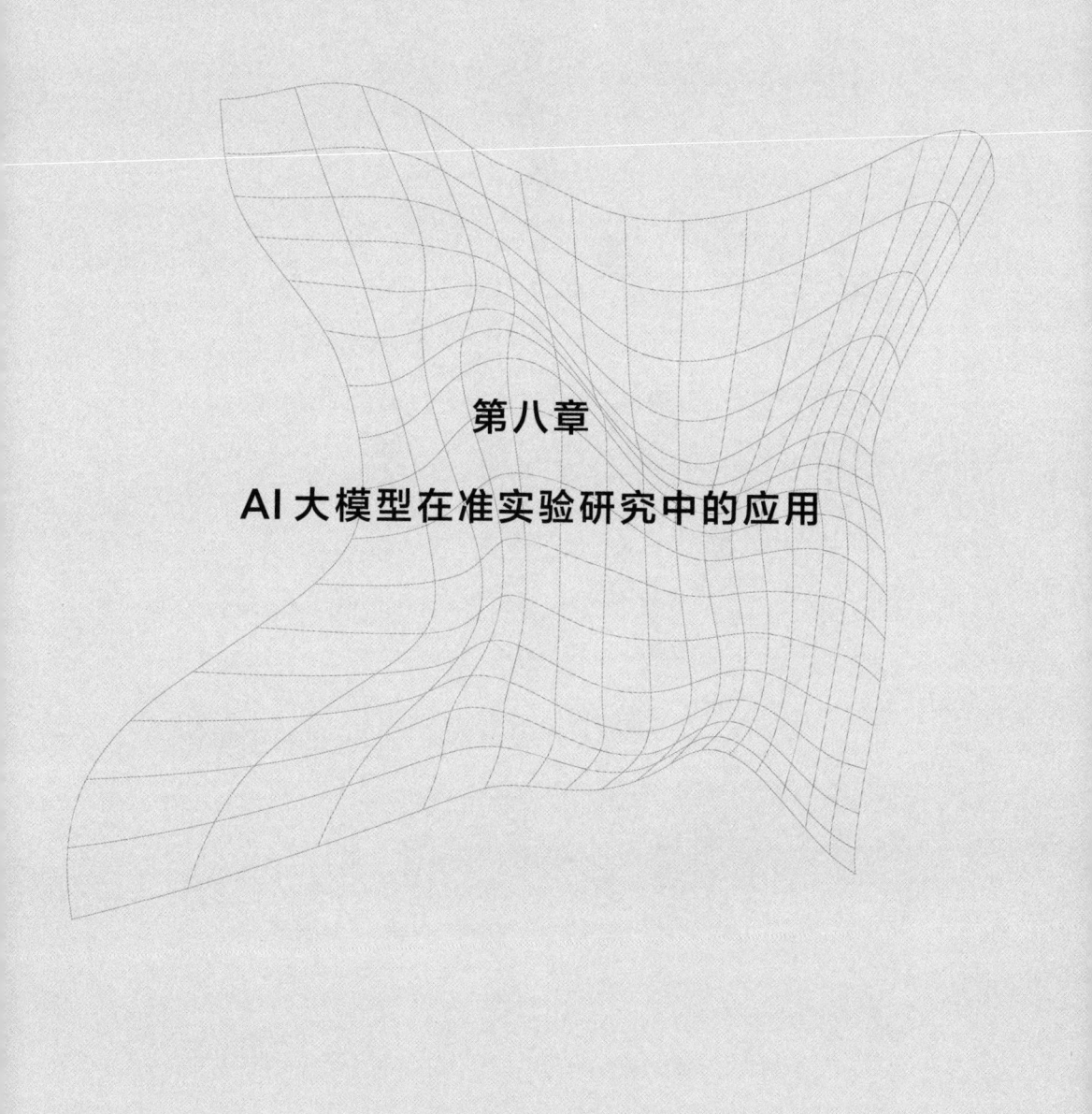

第八章

AI 大模型在准实验研究中的应用

一线教师往往会尝试新的教学方法，并评估其效果。准实验研究是一种帮助教师科学验证这些教学策略有效性的实用工具。例如，当我们想了解一种新的阅读教学策略是否能提升学生的阅读理解能力，或者一种创新的数学方法是否能增强解题能力时，通过准实验研究可以得到清晰的答案。教师通过准实验研究评估教学效果，为循证决策提供可靠依据，进而有效改进教学实践。本章将介绍准实验研究的特征与实施要求，并结合 ChatGPT 的应用，探讨如何更高效地实施准实验研究。

8.1 准实验研究概述

8.1.1 准实验研究的概念

作为一线教师，在进行教育研究时，我们经常会遇到这样一种情况：想要验证某种教学方法的效果，但却难以像实验室中的实验那样完全控制所有变量。这时，准实验研究就成为了我们重要的研究工具。

准实验研究是一种介于严格控制的实验研究与自然观察之间的研究方法。它保留了探究教学干预效果的目标，但更适合学校中的实际教学环境。例如，当我们想研究某种新的教学方法是否有效时，通常会选择自己所带的班级作为实验组，同时选择一个类似的班级作为对照组，这便是典型的准实验研究方式。

与严格的实验研究相比，准实验研究更贴近实际的教学环境。在严格的实验中，研究者需要将学生随机分配到不同组中，严格控制各类变量。然而，在学校里，班级的构成和安排是固定的，教师不可能随意调换学生的班级。准实验研究正好适应了这一情况，它让教师们在不打破正常教学秩序的前提下，进行有效的研究。

举个例子，如果我们想研究合作学习是否能提高学生的数学成绩，我们可以选择自己带的班级之一进行合作学习（实验组），而另一个水平相近的、也是自己教授的班级继续采用传统的教学方法（对照组）。经过一段时间的教学实践，对比两个班级的学习进步情况，就可以初步判断合作学习的效果。通过这种方式，我们既不影响正常的教学进度，又能得到对教学实践有参考价值的研究结果。

尽管准实验研究可能没有像严格实验那样精确地控制条件，但它更加符合教育教学的实际情境，使教师们可以在日常教学中探索教育的规律并改进教学方法。准实验研究正是基于这种实际需求而发展起来，成为教育科研中的一种重要方法。

8.1.2 准实验研究的特点

准实验研究作为一种实用的教育研究方法，有其独特的特点。作为一线教师，当我们在课堂中开展这类研究时，需要把握以下四个主要特征：聚焦实践并探索教育现象的成因、兼顾科学性和实用性、研究设计具有灵活性，以及数据收集方式的多样化。

（1）聚焦实践，探索成因

准实验研究的出发点就是解决教学中的实际问题。首先，教师要发现并明确教学中存在的问题。例如，当我们观察到学生的数学解题能力较弱时，就需要思考如何改进教学方法。接着，我们可以设计一个准实验来验证改进方案：将一个班级安排为实验组，使用合作学习的方式；另一个班级作为对照组，保持原有的独立练习方式。通过对比两个班级在实验前后的表现变化，我们不仅能发现合作学习是否有效，更重要的是理解其发挥作用的原因。这种研究直接面向教学实际，帮助我们找到提升教学效果的方法，让教学更有针对性和科学性。

（2）科学性与实用性兼顾

在准实验研究中，需要找到科学性和实用性之间的平衡点。一方面，我们需要遵循科学研究的基本原则，确保研究设计合理，数据收集准确。另一方面，研究方案必须要切实可行，能够融入我们的日常教学。

例如，当我们研究合作学习对学生参与度的影响时，理论上来说，随机分组能够最大程度上排除其他因素的干扰，是最理想的实验设计方式。然而在学校实际环境中，完全随机分组的操作往往不太现实，因为我们要考虑到班级管理、学生情绪、课程安排等诸多因素。相比之下，选择两个相似的班级，一个作为实验组，一个作为对照组，进行对比研究则更为可行。这种选择虽然在严格的科学控制上有一些妥协，但它更符合教学实际，操作上也更加方便，得出的结论对我们的日常教学也更有指导意义。

准实验务实的研究思路，既保持了方法设计的科学性，也让研究成果更容易应用到我们的课堂中。通过这样的方式，我们能够在不打破学校日常教学秩序的前提下，对一些新的教学方法进行验证，看看它们到底是否有效，从而帮助我们不断改进自己的教学方法。

（3）设计灵活

在学校环境中开展准实验研究时，我们必须充分考虑到教育教学环境的复杂和多变性。这种复杂性主要体现在两个方面：

一是教学环境的不可预测性。学生请假、课程调整、学校活动临时增加等情况，都是我们在日常教学中经常遇到的。这些突发状况要求我们的研究设计具有一定的弹性，能够随机应变，避免影响研究进程和教学质量。

二是研究过程的调整性。以研究项目式学习的效果为例，在实施过程中，我们可能会发现原先的计划和实际情况有出入。这时候就需要在确保研究的基本框架和核心目的不变的情况下，对具体的研究方案进行调整。例如，我们可以根据学生的反应来适当调整项目的难度，或者根据教学进度来调整实验的时间安排。这样，研究过程更符合学生的实际情况，能够更好地观察到真实的教学效果。

得益于灵活的方法，准实验研究能够更适应学校的实际情况，确保研究的顺利推进，同时不干扰正常的教学秩序。

（4）多维度收集数据

在教育教学中，一个现象往往涉及多个方面，单一的数据很难全面反映真实的教学效果。因此，开展准实验研究时，我们需要采用多维度的数据收集方式，以便更全面、准确地了解教学的实际影响。

例如，在研究某种教学方法的效果时，我们不能仅仅依靠学生的测验成绩这一单一指标来判断成败。我们还需要关注学生的课堂参与情况，如他们在课堂上的互动程度、小组讨论的质量、作业完成的表现等。同时，可以通过问卷调查和访谈深入了解学生的学习兴趣和态度是否发生了变化。此外，教师的课堂观察记录、教学反思日志等过程性资料也是非常重要的数据来源，这些都能帮助我们捕捉到学生学习的细节和微妙变化。

通过多角度的数据收集有助于我们更全面地评估教学方法的效果，为教学策略的调整提供科学依据。

8.2 准实验研究的实施步骤

在中小学开展准实验研究时，应遵循一定的流程，包括以下四个步骤：确定研究问题与设计实验方案；实施准实验并收集数据；分析数据与形成结论；撰写研究报告。具体流程如图8-1所示。

确定研究问题与设计实验方案 → 实施准实验并收集数据 → 分析数据与形成结论 → 撰写研究报告

图8-1 中小学准实验研究的步骤

8.2.1 步骤1：确定研究问题与设计实验方案

一线教师在日常教学中常常会遇到一些困惑，比如："为什么学生的解题能力提升得较慢？""哪些教学方法对提高学生的参与度更有效？"要科学地回答这些问题，可以通过准实验研究来实现。这一步的实施要点包括：

（1）要明确具体的研究问题。例如，可以提出"如何通过小组合作学习提高学生的数学应用题解题能力"，这个问题既指向了具体的教学方法（小组合作学习），也明确了预期的改进目标（提高解题能力），适合作为研究的具体问题。

（2）选择适当的实验和对照班级。理想情况下，应该选择两个基础水平相近的班级，一个班级实施新的教学方法（如小组合作学习），另一个班级保持原有的方法，作为对照。如果只能在一个班级中进行研究，可以在不同的教学单元内交替使用两种教学方法。

（3）详细设计教学方案。我们需要明确小组如何分配，可以根据学生的学习水平进行搭配，或者采取随机分组。还需要规划好每次合作学习的具体时长，设计教师在课堂中的引导策略，并明确每节课的活动流程，包括小组讨论、成果展示以及总结反馈等环节。

（4）确定评估的方式。教师可以通过对比考试成绩来评估学生知识掌握的变化，通过课堂观察记录了解学生的参与情况，通过问卷调查了解学生的学习态度是否有变化。建议建立专门的资料档案，系统地保存收集到的所有数据，以便后续的分析和反思。

在研究开展之前，还需要向学生和家长说明研究的目的，并承诺保护学生的隐私，确保研究不会对正常的教学活动造成影响。这样不仅能获得家长和学生的理解与支持，也有助于研究在一个良好的氛围中进行。

8.2.2 步骤2：实施准实验并收集数据

在实施准实验的过程中，教师需要完成三个环节：基础测试（前测）、教学实施和结束测试（后测）。

（1）基础测试，也就是教育研究中常说的"前测"。这项测试能帮助教师准确了解学生的起点水平。进行基础测试时要注意：测试题目要与学生当前的学习水平相匹配；测试环境应保持一致，比如让同一位教师监考、相同的时间段，以减少外部因素的影响；两个班级的测试应在时间上尽可能接近。测试完成后，要及时整理和保存数据。

（2）教学实施是整个实验的核心环节。以小组合作学习为例，在正式实施前，教师需要制定详细的实施方案。首先要明确实验组采用的教学方法（如小组合作学习），而对照组则保持传统教学方式；其次要制定具体的实施计划，包括如何进行分组（是采用异质分组还是同质分组）、活动开展的频率（每周进行几次），以及每次活动的具体流程和时长等。

在实施过程中，为确保实验的有效性，教师需要通过多种方式收集数据。我们可以使用规范的课堂记录表，详细记录每节课的具体情况，包括学生的参与程度、讨论效果、存在的问题等；定期收集学生对新学习方式的反馈意见；及时记录教学过程中出现的突发情况和相应的处理措施；同时还要收集实验过程中的各类作业、测验等学习材料。

（3）实验实施的最后一个环节是结束测试，也就是"后测"。教师需要设计一套与前测难度相当的测试题，在实验结束时分别对实验班和对照班进行测试。进行后测时要特别注意保持与前测相同的测试条件，包括测试环境、时间安排等各个方面，这样才能确保数据的可比性。测试完成后，同样需要及时整理和保存相关数据。

8.2.3 步骤3：分析数据与形成结论

在完成数据收集之后，我们需要对实验所收集到的量化数据进行系统的分析，以评估干预措施的效果，并形成研究结论。这一步的要点如下：

（1）首先需要对收集到的数据进行描述性统计分析。以"基于小组合作学习的数学解题能力提升的实验研究"为例，我们需要计算实验班和对照班在前测和后测中的基本统计指标，包括平均分、中位数和标准差。这些统计指标能从不同角度反映班级的教学效果：

- 平均分反映班级的整体表现水平，它是衡量整体教学效果的直观指标。
- 中位数是将所有同学的成绩从低到高排序后，位于中间的那个分数。它在数据中位于中心，不容易被极端高分或低分所影响，适合用来反映班级的整体水平，尤其是在存在极端个体情况时。
- 标准差用于衡量班级内部学生成绩的分布情况。标准差越大，说明学生之间的成绩差距越大，标准差越小，则表示班级内学生水平相对接近。

（2）通过统计分析，可以清晰地了解教学实验的效果。例如，在数学解题实验案例中，数据显示实验班的平均分从前测的75分提高到后测的85分，而对照班则从76分提高到80分；并且实验班的标准差从15分减少到10分，这说明实验班学生之间的成绩分布变得更加集中。

（3）为了更直观地展示这种成绩变化趋势，可以选择制作折线图。折线图尤其适合用来展示数据的变化过程：用两条折线分别代表两个班级，横轴表示测试时间（前测和后测），纵轴表示分数。通过这种方式，我们可以清楚地看到两个班级在教学实验前后成绩的变化情况——尤其是实验班的进步幅度明显大于对照班，从图中一目了然。

（4）基于数据分析结果，得出研究结论。以这个数学解题实验研究为例，基于数据分析结果，我们可以得出结论：小组合作学习对提高学生的数学解题能力具有显著的积极作用，具体体现在实验班的平均分从前测到后测提升了10分，而对照班的提升幅度为4分，实验班的进步更为显著。此外，实验班的标准差明显减小，表明班级内学生成绩差距有所缩小。这些数据说明，小组合作学习不仅有效提升了整体成绩，还缩小了学生之间的成绩差距，表明该方法对不同学习水平的学生都产生了积极的影响，体现了其普适性和有效性。通过对子群体（如中等水平学生）的进一步分析，我们还发现，这种教学方法对中等水平学生的效果尤为显著。

在教育研究中，数据分析方法的选择需要与研究的规模和目的相匹配。对于以班级为单位的小规模准实验研究，描述性统计分析是最适合的基础方法。这种分析方式能够直观地呈现教学干预的效果，帮助教师清晰地了解班级整体成绩的变化，以及每个学生的进步情况。而对于更大规模的教育实验研究，比如在一个地区甚至全市范围内实施的教改项目实验，就需要采用更深入的推断性统计分析方法，比如 t 检验和方差分析，这些方法能够帮助研究者判断实验结果是否具有普遍推广的价值。

8.2.4 步骤 4：撰写研究报告

一份完整的准实验研究报告通常包括以下四个部分：研究背景与目的、实验方法与过程、数据分析结果、结论与改进建议。

（1）研究背景与目的

这一部分需要从教学实践中发现的具体问题出发，清晰地阐述研究的动机，并明确指出通过实验希望解决的具体目标。例如，教师可以描述在课堂中发现学生在某些学习环节中遇到的困难，以及计划通过哪些教学干预措施或新的教学策略来解决这些问题并验证其效果。这样描述可以帮助读者更好地理解研究的必要性和目标。

（2）实验方法与过程

在这一部分，需要详细说明实验对象的选择标准、实验设计的具体方案、教学干预的措施和实验实施的时间安排等内容。例如，如果采用了小组合作学习方法，就需要详细描述小组的划分依据（如学生的学习水平、兴趣等）、课堂活动的具体设计、教师在不同教学环节中的角色，以及各阶段的主要操作步骤。通过这些细节的描述，能让读者清晰了解研究的实施细节。

（3）数据分析结果

在数据分析结果部分，要通过科学的分析方法，系统展示实验的效果。具体来说，可以通过表格呈现前测和后测的数据，用折线图或柱状图等图表展示学生成绩的变化趋势，并结合描述性统计分析（如平均分、中位数、标准差）来说明结果的可靠性和意义。每个数据都应配有针对性的解释，帮助读者了解这些数字背后反映的教学现象，明确新的教学策略是否达到了预期效果。

（4）结论与改进建议

在最后的结论与改进建议部分，需要基于数据分析结果，明确实验是否达到了预期目标，具体说明教学实验的成效及其局限性。例如，如果通过数据分析发现实验组学生在干预后的表现显著优于对照组，便可以得出结论：该教学策略在提升学生学习效果方面是有效的。在这一部分，还需要针对实验中的发现提出具体的改进建议，例如，如果合作学习有效提高了学生的课堂参与度，可以建议在常规课堂中更多地应用这种策略。此外，教师应在结论部分明确实验的局限性，如样本量偏小、实验时间较短等，这些局限性可能对实验结果的解释力或推广性产生影响。基于这些局限性，我们还可以提出进一步研究的方向，例如，建议在其他学科或年级进行类似实验，验证策略的有效性等。

8.3 ChatGPT 辅助准实验研究的方法

在一线教师开展准实验的各个阶段，从确定研究问题与研究假设、设计研究方案、实施研究并收集数据，到分析研究数据和撰写研究报告，整个过程都可以通过与 ChatGPT 的互动，获得帮助。本节结合开展准实验研究过程的三个关键环节：明确变量与形成假设、设计干预措施和干预流程、设计准实验评价工具，结合案例，围绕教师与 ChatGPT 进行对话的"对话目标、提示语设计、对话示例及应用建议"展开分析。

【案例描述】

赵老师在初中英语教学中发现，学生在写作中普遍存在词汇单一、句式重复、结构松散等问题。为了改善这一情况，她决定开展一项准实验研究，探索同伴互评策略对提升学生写作水平的影响。在 ChatGPT 的帮助下，赵老师明确了研究中的关键变量，并形成了相应的研究假设，同时设计了干预措施和具体的实施流程，还开发了一套用于评估学生写作水平的评价工具。为进行研究，赵老师选取了两个八年级的平行班作为实验对象，启动了准实验研究，以比较和验证同伴互评对学生写作水平的提升效果。

8.3.1 ChatGPT 辅助明确变量与形成假设

（1）对话目标

在准实验研究的变量确定与假设形成阶段，教师可以通过与 ChatGPT 的对话，实现两个具体目标：a. 在确定研究变量时，ChatGPT 可以帮助明确自变量和因变量的具体内容，识别并控制可能的干扰变量，同时协助制定变量的操作性定义。b. 在形成研究假设时，ChatGPT 能够基于理论依据提出合理假设，确保假设具有可检验性，并帮助建立变量间的关系预设。

（2）提示语设计

在准实验研究的变量确定与假设形成阶段，教师的提示语设计应包含完整的问题情境、研究意图和具体任务要求。其中，问题情境需说明教学背景和具体问题表现，研究意图要表明预期的改善措施，任务要求则包括可行性分析、研究问题确定、变量明确和假设形成等方面。这种结构化的设计有助于获得系统性的研究设计建议。

基于上述要求，一个完整的提示语模板如下：

"我是一名［学段］的［学科］教师，在教学中发现［具体问题表现］，这些问题主要体现在［具体表现1］［具体表现2］［具体表现3］等方面。我想开展一项准实验研究，初步设想通过［干预方式］来改善这一问题。请帮我：

（a）分析开展准实验研究的可行性；

（b）提出具体的研究问题；

（c）明确研究中涉及的相关变量；

（d）形成相应的研究假设。"

如需深入讨论某个具体方面，教师可以基于 AI 的初始回答追加提问。这种方式既确保了提示语的完整性，又保持了对话的灵活性。

（3）对话示例

在同伴互评写作案例中，赵老师应用上述提示语模板，设计了以下问题，与 ChatGPT 围绕明确变量和研究假设进行了对话。

赵老师：我是一名初中英语教师，在教学中发现学生英语写作普遍存在问题，这些问题主要体现在词汇单一、句式重复、结构松散等方面。我想开展一项准实验研究，初步设想通过同伴互评策略来改善这一问题。请帮我：

1）分析开展准实验研究的可行性；

2）提出具体的研究问题；

3）明确研究中涉及的相关变量；

4）形成相应的研究假设。

⑤ **ChatGPT**

1. 开展准实验研究的可行性
- 普遍性：学生英语写作中的问题（词汇单一、句式重复、结构松散）是教学中常见的现象，具有较强的现实意义。
- 可操作性：通过同伴互评策略进行干预，学生的写作水平在词汇、句式和结构等方面的提升可以通过量化指标（如评分量表、学生作品分析等）来评估，便于数据的收集和分析。
- 可控性：采用准实验研究设计，可以通过设置实验班和对照班，在控制干预措施的条件下比较两组学生写作水平的变化，验证干预效果。

2. 具体的研究问题
- 同伴互评策略对初中生英语写作水平的整体提升效果如何？
- 同伴互评策略能否有效改善初中生英语写作中词汇单一、句式重复和结构松散等问题？
- 同伴互评策略对学生的写作态度和修改能力有何影响？

3. 研究中涉及的相关变量
- 自变量：同伴互评策略的实施（实验班使用同伴互评，对照班采用传统教师批改模式）。
- 因变量：学生的英语写作水平，包括以下细化指标：
  ◆ 词汇多样性（如词汇种类和数量的丰富程度）
  ◆ 句式多样性（如复杂句的使用情况）
  ◆ 文章结构的完整性和逻辑性
- 控制变量：学生的基础水平（通过前测确保两组学生水平相当）、写作任务类型、课时安排等。

4. 相应的研究假设
- 假设1：使用同伴互评策略的学生，其英语写作水平显著高于采用传统教师批改模式的学生。
- 假设2：同伴互评策略能够显著提升学生在英语写作中词汇多样性、句式多样性和文章结构完整性方面的表现。
- 假设3：同伴互评策略能够改善学生对写作修改的态度，提高修改能力。

ChatGPT 的回答围绕"同伴互评策略提升初中生英语写作水平"这一主题,从可行性分析、研究问题、变量确定和研究假设四个方面进行了系统规划。其中,可行性分析强调了研究问题的普遍性、可操作性和可控性;研究问题聚焦于同伴互评对写作水平的整体提升效果;变量设置明确界定了自变量(互评策略)、因变量(写作水平)和控制变量(基础水平等);研究假设则对互评策略的预期效果提出了具体预设。这些内容为赵老师制定后续的实验设计提供了清晰框架。

(4)应用建议

在准实验研究的变量确定与假设形成阶段,教师在设计或使用提示语时应把握两个关键要点。首先,提示语应包括三个核心部分:问题情境、研究意图和具体任务要求。问题情境部分需要清楚地描述教学背景、具体问题表现以及已有的研究基础,以便为 AI 提供充分的上下文信息。研究意图则应明确说明教师计划采用的教学干预方式,从而使任务目标更加具体和聚焦。具体任务要求应包括研究可行性分析、问题的进一步确定、变量的明确和假设的形成。这样完整的结构能让提示语的内容全面且有效。

其次,提示语的逻辑连贯性至关重要,要求描述从具体到抽象,任务的展开也需循序渐进,各部分内容应相互呼应。a. 在表述上,教师应尽量保持语言的清晰性,使用准确的专业术语,避免模糊或存在歧义的表述。b. 需要具体说明预期输出的形式,例如,对自变量和因变量的操作性定义,或者明确的假设陈述。这种方式能够帮助 AI 准确理解任务目标,并提供符合研究需求的反馈和建议。

8.3.2 ChatGPT 辅助设计干预措施和干预流程

(1)对话目标

在使用 ChatGPT 辅助设计准实验研究的干预措施和干预流程时,教师与 ChatGPT 对话的主要目标是:制定有效的干预措施,并将这些措施转化为可操作的准实验步骤。

(2)提示语设计

在运用 ChatGPT 制定干预措施和操作步骤时,提示语的设计应注重以下要点:

首先,在问题背景部分需要清晰呈现五个关键信息:研究问题、研究假设、实验时长、实验对象和干预方式。这些要素共同构成了干预方案设计的基本边界条件。

其次，在任务要求部分设置了三个层级的设计任务：干预策略框架，着眼于整体策略规划；具体教学环节和活动步骤，将策略转化为可实施的教学活动；具体操作流程，细化每个环节的实施要点。

建议采用如下提示语模板：

"我的研究问题是［具体问题］，研究假设是［研究假设］，我需要设计具体的干预方案和可操作的实施方案。我计划在［实验时长］内，对［实验对象］实施［干预方式］。请帮我：

（1）设计系统的干预策略框架；

（2）将干预策略分解为具体教学环节和活动步骤；

（3）设计每个环节的具体操作流程。"

教师可以选择使用这个综合性提示语，也可以根据需要将三个任务分步提问，以获得更详细的设计建议。

（3）对话示例

在同伴互评写作案例中，赵老师应用上述提示语模板，设计了以下问题，与ChatGPT围绕实验干预的设计及实施步骤进行了对话。

赵老师：我的研究问题包括：

1）同伴互评策略对初中生英语写作水平的整体提升效果如何？

2）同伴互评策略能否有效改善初中生英语写作中的词汇单一、句式重复、结构松散等问题？

3）同伴互评策略对学生的写作态度和修改能力有何影响？

基于这些研究问题，我的研究假设为：

1）使用同伴互评策略的学生，其英语写作水平显著高于采用传统教师批改模式的学生。

2）同伴互评策略能够显著提升学生在英语写作中词汇多样性、句式多样性和文章结构完整性方面的表现。

3）同伴互评策略能够改善学生对写作修改的态度，提高修改能力。

我计划在12周内对八年级一个实验班（42人）实施基于同伴互评策略的准实验研究，以提升学生的英语写作水平。在干预中，将结合教师评价，强化学生的互评能力，确保干预效果的实现。请帮我完成以下任务：

1) 设计系统的干预策略框架;
2) 将干预策略细化为具体教学环节和活动步骤;
3) 设计每个环节的具体操作流程。

🅢 **ChatGPT**

1. 系统的干预策略框架

在 12 周的干预中，结合同伴互评和教师评价，制定以下框架：

(1) 阶段划分：

- 第 1 阶段（1 周）：互评技能培训

教师示范互评流程、评分量表使用方法及反馈技巧，帮助学生建立评价标准。

- 第 2 阶段（2 周）：初步互评实践

学生完成初稿后进行小组互评，教师检查互评质量并提供补充评价。

- 第 3 阶段（8 周）：深入互评与改进

按写作—互评—修改—反馈的循环，每两周完成一轮互评任务，逐步提升学生的写作和评价能力。

- 第 4 阶段（1 周）：总结与反思

对学生的写作水平和互评技能进行评价和总结，通过问卷与访谈收集干预效果反馈。

(2) 评价组合：

- 学生互评为主：学生两人一组，使用评分量表提供具体修改建议。
- 教师评价为辅：教师审核互评内容，补充专业性反馈，确保评价的深度和有效性。

(3) 目标设置：

- 提升学生的写作水平（词汇、句式、结构完整性）。
- 培养学生的反馈能力和修改能力。
- 改善学生对写作和互评的态度。

2. 干预策略的教学环节与活动步骤

每轮写作任务的教学环节细化如下：

(1) 任务布置与写作（第1周的前半段）：
教师布置写作主题和要求，提供指导性提示（如关键词、句式示例）；学生根据提示完成作文初稿。

(2) 互评培训与小组互评（第1周的后半段）：
- 互评培训：教师通过范文示例，演示如何评分和提供反馈，分发评分量表和反馈表。
- 小组互评：学生两人一组，互评对方作文并填写修改建议。

(3) 修改与提交（第2周的前半段）：学生根据同伴的反馈修改作文并提交最终稿。教师审核互评反馈，补充修改建议。

(4) 教师反馈与总结（第2周的后半段）：教师点评学生的最终稿和互评质量，指出学生在写作和互评中的进步与不足。

3. 每个环节的具体操作流程

(1) 互评培训阶段（第1周）：
- 教师通过范文示例讲解评分量表，分解评分维度（如词汇多样性、句式多样性、结构完整性）。
- 学生练习对范文评分并讨论修改建议，教师给予示范性评价。

(2) 小组互评与反馈：
- 学生阅读并评估同伴的作文，填写评分量表和反馈表（3—5条具体建议）。
- 教师抽查学生反馈质量，对重要问题进行补充和指导。

(3) 修改与完善阶段：
- 学生根据同伴和教师的反馈对初稿进行修改。
- 提交修改后的最终稿，教师对修改稿给予综合评价。

(4) 总结与反思阶段（第12周）：
- 学生完成问卷和反思表，总结写作与互评过程中的收获和挑战。
- 教师综合分析学生的初稿与最终稿变化，以及互评与写作态度的改进情况，反馈整体干预效果。

ChatGPT在回答中给出了关于如何实施同伴互评的策略指导和具体操作步骤。这些建议描述了在同伴互评过程中需要用到的工具，包括评分量表、反馈意见表、问卷和反思表。评分量表的设计维度与赵老师试图解决的实际问题紧密对应,如学生在写作中的词汇单一、句式重复、结构松散等。这些工具的描述也引导赵老师思考下一步的任务,即设计同伴互评中所需的评价表,以及准备在实验结束时使用的调查问卷,以评估学生写作态度的变化和整体干预效果。这些思考促使赵老师着手设计全面的评价工具。

(4) 应用建议

在实际应用中,教师可以根据自身的需求和目标灵活选择提示策略。如果教师对干预方案已有明确构想,可以使用综合性提示语,一次性获得完整的干预措施方案,这种方式适合希望快速形成整体方案的情形;若教师在设计过程中需要不断调整和完善,则建议使用分步提问策略,逐步建立干预框架,再逐步细化每一个环节。例如,教师可以先让 AI 提供宏观的干预策略框架,确认框架后,再深入到教学环节的具体细节。对于每个阶段的回答,教师可以根据其质量追加提问,要求 AI 优化已有方案。这种方式有助于确保每一步的设计都符合研究目标且具备可操作性。此外,在获得初步方案后,教师还应结合教学的实际情况进行适当的调整,以提升方案的可行性和有效性。特别是在准实验研究中,干预措施只有和学生的特定特点及课堂实际条件相匹配,才能确保研究的成功实施及其对教学实践的有效促进。

8.3.3 ChatGPT 辅助设计准实验评价工具

(1) 对话目标

在使用 ChatGPT 辅助设计准实验评价工具时,教师与 ChatGPT 对话的主要目标是:设计符合教学实际且能对应研究问题的评价维度,开发适用于课堂实施的测量工具,并确保这些工具能够真实反映学生的表现,同时为改进教学提供有效帮助。

(2) 提示语设计

在使用 ChatGPT 帮助设计评价工具、确定评价维度,以及明确各工具在研究中的适用阶段时,提示语的设计应包含三个核心要素。评价背景:详细描述评价的目的、评价对象以及应用场景;设计需求:明确需要测量的内容和预期效果,以便指导工具的设计方向;任务分解:将复杂的设计任务拆分为易于执行的子任务,确保每一步都清晰明确。这些要素的全面呈现能够帮助 AI 更好地理解研究的具体情境,从而提供更准确的设计建议。可参考以下提示语模板:

"我正在进行[研究主题]的准实验研究,目标包括[具体研究目标]。为了评估干预效果,我需要为[研究对象]设计一份合适的[具体工具名称],用于[应用场景］，并且希望它能够［工具的主要功能］。

请帮我完成以下任务：

a. 设计评价表格：

- 设计一个评价表格，明确列出各个评价维度，并确保这些维度的表述符合研究对象的特点。
- 在表格中增设一些辅助栏目，如得分、总分和改进建议，以便记录评分和提供反馈。
- 确保表格简洁明了，便于研究对象理解和使用。

b. 制定评分标准：

- 为每个评价维度制定具体、易操作的评分标准，确保描述清晰，便于研究者和评估者使用。
- 明确每个维度的评分范围和权重，使其能有效体现研究目标。
- 提供一些简单的示例，帮助理解不同得分等级的标准和依据。

c. 制定评分规则：

- 制定评分的操作流程，包括逐项评分的方法和总分的计算方式。
- 提供一份简单易懂的评分流程说明，确保操作人员能清晰理解。
- 给出使用建议，帮助研究对象或评估者正确理解和使用评分工具。"

（3）对话示例

在同伴互评写作案例中，赵老师应用上述提示语模板，设计了以下问题，与ChatGPT围绕设计具体的评价表、制定评分标准和评分规则进行了对话。

赵老师：我正在开展"基于同伴互评策略提升初中生英语写作水平"的准实验研究。研究目标包括：提升学生的写作水平（词汇运用、句式变化、结构完整性）、培养学生的反馈能力和修改能力，以及改善学生写作学习的态度。为了评估干预效果，我需要设计适用于初中生的写作水平评价工具，用于课堂同伴互评环节，以反映学生在写作各维度的表现水平。

请帮我完成以下任务：

1）设计初中生同伴互评写作水平评价表：

- 以表格形式呈现评价工具，列出评分维度（词汇、句式、结构与逻辑、书写与格式），确保表述符合初中生认知水平；

- 在表格中增设"得分"栏（总分35分）和"具体改进建议"栏，帮助学生进行评分和反馈；
- 保证表格布局清晰，评价语言简明，便于课堂快速使用。

2）制定评分标准：
- 为每个维度设计具体的评分标准，如词汇（10分）、句式（10分）、结构（10分）、格式（5分）；
- 采用初中生易懂的语言描述不同分数段的评判标准。

3）提供写作样例，帮助学生准确理解和使用评价工具。

ChatGPT

1. 初中生同伴互评写作水平评价表

评分维度	评分标准	满分	得分	具体改进建议
词汇表现	词汇是否丰富多样，是否使用高级词汇？有无词汇重复或语境错误？	10分		
句式表现	句型是否多样化（如简单句、并列句、复合句）？语法是否正确，表达是否清晰？	10分		
结构与逻辑	段落是否完整清晰（有开头、主体和结尾）？逻辑是否连贯，过渡是否自然？	10分		
书写与格式	拼写是否正确？书写是否整齐，格式是否清晰？	5分		
总分	总分 = 各评分维度得分相加	35分		

2. 评分标准

（1）词汇表现（10分）

- 9—10分：词汇丰富多样，使用多个高级词汇，无明显重复或错误。
- 7—8分：词汇较丰富，有少量重复或小错误。
- 5—6分：词汇一般，重复较多，存在错误。
- 0—4分：词汇单一，重复频繁，错误较多。

（2）句式表现（10分）
- 9—10分：句型多样（简单句、并列句、复合句），语法正确。
- 7—8分：句型较丰富，有少量语法错误。
- 5—6分：句型单一，语法错误较多。
- 0—4分：句式混乱，语法错误严重。

（3）结构与逻辑（10分）
- 9—10分：段落完整，逻辑连贯，过渡自然。
- 7—8分：段落基本完整，逻辑较清晰，过渡稍弱。
- 5—6分：段落不完整，逻辑较弱。
- 0—4分：段落混乱，逻辑不清。

（4）书写与格式（5分）
- 5分：拼写正确，书写整齐，格式清晰。
- 3—4分：拼写和格式基本正确，但稍有混乱。
- 0—2分：拼写错误多，书写潦草，格式混乱。

3. 写作样例与工具使用指导

（1）写作样例
- 高分样例：提供一篇词汇丰富、句式多样、逻辑清晰且书写规范的范文，标注其符合评分标准的具体表现。
- 低分样例：提供一篇词汇单一、句式重复、结构不完整的作文，说明其不足之处及对应的改进建议。

（2）使用指导
- 评分方法：
  - 每位学生根据评价表中标准为同伴作文逐项评分，填写"得分"栏。
  - 根据发现的问题，在"具体改进建议"栏中填写可行的改进意见（如"增加更多高级词汇""使用复合句"等）。
- 教师审核：教师可抽查评分表，确保学生评分公平合理，并提供补充指导。
- 课堂流程：
- 提前分发评价表，向学生讲解评分标准及使用方法。
- 学生在小组内完成互评，并在组内讨论改进建议。

ChatGPT 在回答中，设计了一个针对初中生英语写作同伴互评的评价体系，包含评分标准、写作样例和使用指导三个部分。评分标准覆盖了词汇、句式、结构与逻辑、书写与格式四个评价维度，每个维度都有明确的分级标准，帮助学生和教师量化评价写作表现。同时，还提供了具体的写作样例和详细的使用指导，确保这个评价工具在实际使用中的可操作性和清晰性。这个评价体系为赵老师的准实验研究提供了实质性的帮助：明确的评分标准为因变量的测量提供了可靠的工具，确保数据采集的有效性；分级标准有助于保持评分的客观性和一致性；详细的使用指导和写作样例有助于规范干预措施的实施，从而提高了整个研究的信效度。

（4）应用建议

在设计评价表、评分标准和评分规则阶段，设计或使用提示语时，教师应把握以下要点：

首先，提供完整的背景信息，包括研究目标、评价对象特征和应用场景，以便 AI 理解任务的具体环境和目的。

接着，教师应明确提出每项具体任务要求，如评价维度的确定、评分标准的制定以及评分规则的设计。每个维度应具备详细的评分标准，确保描述清晰、便于操作。对于评分规则，需详细说明操作流程，以保证使用中的一致性。

教师可选择整体设计或分步设计，取决于设计的明确程度。整体设计适用于明确的需求，分步设计适合逐步细化。获得初步工具后，需结合实际教学情况进行调整，以确保工具的适用性和学生理解度。

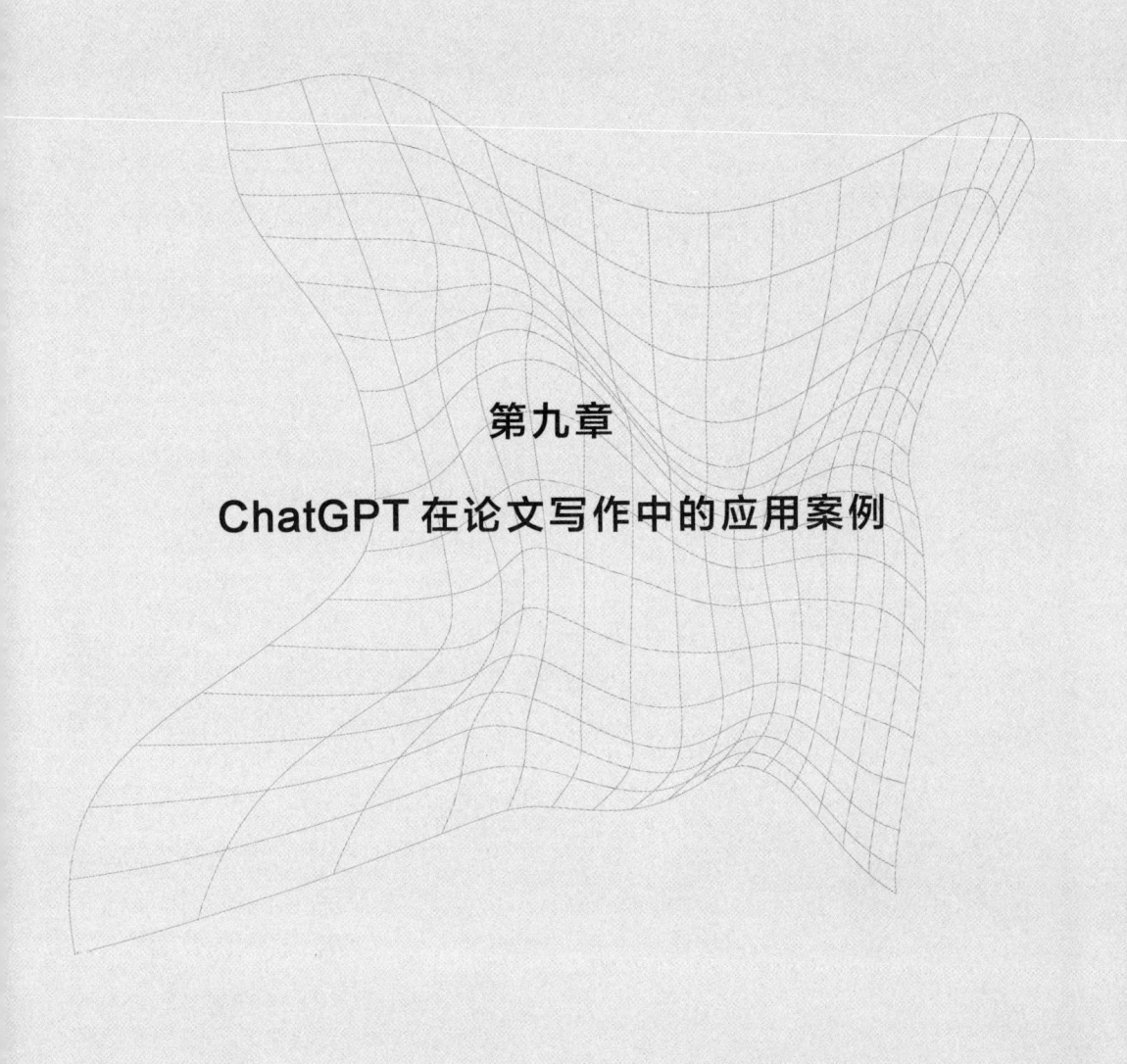

第九章

ChatGPT 在论文写作中的应用案例

【案例描述】

薛老师是一位具有丰富教学经验的高中信息技术教师，对新课标倡导的学科核心素养和项目式学习进行了大量实践探索。他计划撰写一篇基于新课标背景的学科课堂教学实践的科研论文。在撰写过程中，他通过与 ChatGPT 的互动顺利完成了论文撰写，解决了以下主要问题：

- 确定并优化论文题目
- 搭建论文框架
- 描述研究背景
- 撰写文献综述
- 描述研究设计和研究过程
- 对收集到的数据进行分析
- 修改并完善论文

本章结合这一科研论文的撰写实例，分析 ChatGPT 如何辅助一线教师完成科研论文写作过程。

9.1 用 ChatGPT 确定论文题目

在论文写作中，一个好的题目往往被视为成功的一半。它不仅需要清晰、简洁、准确地反映研究的核心内容和范围，还应突出研究的创新点，吸引读者的兴趣。在使用 ChatGPT 帮助确定和优化题目时，可以从以下三个步骤进行：首先，通过关键词初步确定题目，以明确研究方向；其次，增强题目的创新性，突出研究的独特价值；最后，对题目的表述进行优化，使其更加精炼和吸引人。

9.1.1 基于关键词初定题目

薛老师在与 ChatGPT 进行关于"基于关键词初步确定论文题目"的对话中，遵循了提示语的基本结构:"提示语=描述问题背景+设定 AI 角色+提出任务目标+明确输出要求",并以综合提示语的方式清晰地表达了自己的需求。适用的提示语模板如下:

"作为一名[写作者身份],我计划撰写一篇关于[研究主题/领域]的科研论文。我的研究围绕[列出关键词/核心概念],并希望深入探讨[具体研究方向/内容]。请以[指定 AI 角色]的身份,基于这些关键词,为我提供[具体数量]个可能的论文题目建议。确保这些题目涵盖不同的研究角度,例如[列出角度,如教学方法、课程设计、学生能力培养或评估方式等]。生成的题目应[明确输出要求,如具备创新性、紧密围绕核心概念、适合高中信息技术课等]。"

薛老师基于该提示语模板,设计了以下问题,与 ChatGPT 围绕"初步确定论文题目"进行了对话。

提问:作为一名高中信息技术学科教师,我计划撰写一篇科研论文。我的研究主题围绕"计算思维"和"高中信息技术课"这两个核心概念。请以"科研写作助理"的角色,基于这些关键词,为我提供 10 个可能的论文题目建议。这些题目应涵盖不同的研究角度,如教学方法、课程设计、学生能力培养或评估方式等。生成的题目应具有创新性、贴近课程实际应用,并适用于当前教育环境。

ChatGPT:基于"计算思维"和"高中信息技术课"这两个关键词,一些可能的论文题目:

1. "高中信息技术课程中计算思维能力培养的有效方法探讨"
2. "计算思维在高中信息技术教学中的实践与应用"
3. "通过信息技术课程提升高中生计算思维能力的研究"
4. "高中信息技术课程中计算思维教学模式的创新与实践"
5. "计算思维在高中信息技术课中的教学策略研究"
6. "基于计算思维的高中信息技术课程设计与实施"
7. "高中生计算思维能力的评估与信息技术教学的关系"
8. "信息技术课程对高中生计算思维能力发展的影响研究"

> 9. "融合计算思维的高中信息技术教学案例分析"
> 10. "基于项目学习法的高中信息技术课程与计算思维培养"
>
> 这些题目可以帮助你在研究过程中更有针对性地探索计算思维在高中信息技术课程中的应用和实践。

在 ChatGPT 提供的相关题目参考中，薛老师发现第 6 个题目，即"基于计算思维的高中信息技术课程设计与实施"比较符合自己的写作想法，可以作为初步的论文题目。

9.1.2 让题目体现创新

针对"基于计算思维的高中信息技术课程设计与实施"这个初步的题目似乎创新性不足的问题，薛老师希望能增加题目的创新特征，适用的提示语模板如下：

"我正在考虑研究题目［具体研究题目］，请为我提供［数量］个创新点或研究方向，以突出该研究在［具体领域/主题］中的创新价值。对于每个创新点，请包括以下内容：

a. 简要描述创新内容。

b. 详细说明创新的具体优势。

请确保这些创新点涵盖不同的研究维度，例如，课程设计、教学方法、评估方式等。"

薛老师基于该提示语模板，设计了以下问题，与 ChatGPT 围绕题目的创新性设计进行了对话。

> **提问**：我考虑选择研究题目"基于计算思维的高中信息技术课程设计与实施"，请提供 5 个创新点或研究方向，以体现教学模式的创新性。对每个创新点：
> 1. 简要描述创新内容。
> 2. 解释如何体现教学模式的创新。
>
> 请确保这些创新点涵盖课程设计、教学方法或评估方式等不同方面。

> **⊚ ChatGPT：（部分回答）**
>
> 要在"基于计算思维的高中信息技术课程设计与实施"这一题目中体现教学模式上的创新，可以考虑引入一些新的教学方法或模式，比如"翻转课堂""混合学习"或"项目导向学习"等。以下是修改后的题目示例：
> 1. "基于计算思维的高中信息技术课程设计与实施：翻转课堂教学模式的创新研究"
> 2. "基于计算思维的高中信息技术课程设计与实施：混合学习模式的探索与实践"
> 3. "基于计算思维的高中信息技术课程设计与实施：项目导向学习的创新与应用"
> 4. "基于计算思维的高中信息技术课程设计与实施：探究式学习的创新策略"
> 5. "基于计算思维的高中信息技术课程设计与实施：协作学习模式的创新研究"
>
> 这些题目通过引入新的教学模式，进一步强调了研究的创新性和实践价值。

在 ChatGPT 所给出的题目创新建议中，薛老师找到了基本符合自己研究需求的题目 3，即"基于计算思维的高中信息技术课程设计与实施：项目导向学习的创新与应用"，即在初步题目的基础上，增加了项目导向学习的创新模式。

9.1.3 优化题目表述

题目 3 的表述似乎不够简洁，薛老师又对这个题目描述进行了简化："面向计算思维培养的高中信息技术课程项目式学习设计与实施"，但不确定哪个题目表达更清楚，希望 ChatGPT 来帮助自己对两个题目进行比较并进一步优化题目。这时，可以选择适用于比较和分析多个论文题目的提示语模板：

"请比较以下两个论文题目：题目一是'［论文题目一］'，题目二是'［论文题目二］'。请从以下角度进行分析：

a. 哪个题目更简洁有效：对比两者的语言表达，分析哪个题目更具概括性和吸引力。

b. 各自的优缺点：请分析两个题目的优缺点，包括表述的清晰度、主题范围、创新性体现以及对读者的吸引力等方面。"

薛老师基于该提示语模板，设计了以下问题，与 ChatGPT 围绕不同题目表述的比较进行了对话。

提问：请比较这两个论文题目：题目一是"面向计算思维培养的高中信息技术课程项目式学习设计与实施"；题目二是"基于计算思维的高中信息技术课程设计与实施：项目导向学习的创新与应用"。请分析：
1. 哪个题目更简洁有效？
2. 各自的优缺点是什么？

ChatGPT

比较两个题目：

题目一：面向计算思维培养的高中信息技术课程项目式学习设计与实施

- 优点：结构清晰，点明了研究对象（高中信息技术课程）、研究方法（项目式学习）和研究目的（计算思维培养）。
- 缺点：略显冗长。

题目二：基于计算思维的高中信息技术课程设计与实施：项目导向学习的创新与应用

- 优点：相对简洁，突出了"项目导向学习"的创新性和应用。
- 缺点：信息密度过高，"课程设计与实施"包含的范围过大，"创新与应用"表达不够清晰。

结论：题目一更加简洁明了。

建议：可以考虑在题目一的基础上，进一步精简语言，例如：

1. 计算思维导向的高中信息技术项目式学习设计与实施
2. 高中信息技术课程项目式学习：以计算思维培养为目标

最终选择哪个题目，还需要结合您的论文具体内容和个人偏好来决定。

在 ChatGPT 给出的回答中，不仅比较了两个题目，而且对如何精炼第一个题目的表述也给出了进一步建议，薛老师接纳了建议 1，将论文题目确定为"计算思维导向的高中信息技术项目式学习设计与实施"。

9.1.4 提出研究问题

明确研究问题，能够帮助教师聚焦于特定的研究领域和范围，避免研究内容过于宽泛或偏离主题。对于教师而言，研究的整个过程，从文献综述、研究设计、数据收集到分析，都围绕着回答研究问题展开。薛老师希望基于论文题目和研究关键词，用 ChatGPT 明确研究问题。这时，可以选择基于论文题目和关键词生成具体研究问题的提示语模板：

"我的论文题目是'[具体论文题目]'，请基于以下关键词：[关键词1]、[关键词2]、[关键词3]，提出 3—4 个研究问题。要求：

a. 研究问题需围绕论文的主题。

b. 研究问题应具有可操作性和研究性。"

薛老师基于该提示语模板，设计了以下问题，与 ChatGPT 围绕研究问题的描述进行了对话。

提问：我的论文题目是"计算思维导向的高中信息技术项目式学习设计与实施"，请基于三个关键词："计算思维培养""项目式学习"和"高中信息技术课程"，提出 3—4 个研究问题，要求：

1. 围绕论文主题。
2. 具有可操作性和研究性。

ChatGPT（部分回答）

本研究旨在探讨如何在高中信息技术课程中有效地融入计算思维培养的目标，并利用项目式学习方法设计和实施相应的教学方案。具体而言，本研究试图回答以下问题：

1. 如何设计符合高中信息技术课程特点，并能有效培养学生计算思维的项目式学习方案？
2. 如何在项目实施过程中有效地引导学生运用计算思维解决实际问题？
3. 项目式学习对学生计算思维能力的提升以及对信息技术课程学习兴趣的影响如何？

ChatGPT 所提供的研究问题，融入了"计算思维培养、项目式学习、高中信息技术课程"这三个关键词，同时围绕主题，形成了研究线索合理的问题表述，并引导了论文的叙述逻辑。

9.2 用 ChatGPT 搭建论文框架

在确定了论文题目和研究问题后，接下来应搭建论文的框架，规划论文分几个部分来写，以及每一部分应包含的内容。搭建好的论文框架能够帮助作者理清思路、组织材料，避免偏离主题或逻辑混乱。

薛老师提供了自己设定的论文总体框架，即按照"研究背景、文献综述和理论基础、计算思维导向的高中信息技术项目式学习设计、教学实施与效果分析、结论与展望"这五部分结构，希望 ChatGPT 帮助细化各部分的内容。可以选择基于论文题目和研究问题设计详细论文内容结构的提示语模板：

"我的论文题目是'［具体论文题目］'。研究目标是：［研究目标］。主要研究问题包括：［研究问题1］、［研究问题2］、［研究问题3］。请基于上述信息，按照以下论文框架为我提供详细的内容结构和要点：

研究背景：包括［需要描述的具体内容，如研究背景的重要性、存在的问题以及研究的意义］。

文献综述和理论基础：请描述［涉及哪些理论支持、现有研究的不足、关键的相关文献等］。

［具体研究主题］的设计：请提供［具体的设计思路和方法，如何设计符合研究目标的方案］。

教学实施与效果分析：请描述［具体的实施过程、所用方法、数据收集方式、效果评价等］。

结论与展望：请说明［研究结果的总结、对实践的意义以及未来可能的研究方向］。"

薛老师基于该提示语模板，设计了以下问题，与 ChatGPT 围绕论文框架的搭建进行了对话。

> 提问：我的论文题目："计算思维导向的高中信息技术项目式学习设计与实施"。研究目标：探讨在高中信息技术课程中有效融入计算思维培养目标，并利用项目式学习方法设计和实施相应教学方案的策略与效果。主要研究问题：(1) 如

何设计符合高中信息技术课程特点,并能有效培养学生计算思维的项目式学习方案?(2)如何在项目实施过程中有效地引导学生运用计算思维解决实际问题?(3)项目式学习对学生计算思维能力的提升以及对信息技术课程学习兴趣的影响如何?

请基于上述信息,按照以下论文框架提供详细的内容结构和要点:

1. 研究背景

2. 文献综述和理论基础

3. 计算思维导向的高中信息技术项目式学习设计

4. 教学实施与效果分析

5. 结论与展望

---

⑤ ChatGPT 计算思维导向的高中信息技术项目式学习设计与实施

1. 研究背景(约 1 500 字)

(1) 研究背景:简述信息技术发展对人才培养提出的新要求,引出计算思维作为信息时代核心素养的重要性。

(2) 研究现状:概括国内外计算思维培养和项目式学习研究现状,指出当前研究存在的不足,如针对高中信息技术课程的研究较少、缺乏将计算思维融入项目式学习的系统设计等。

(3) 研究问题:(略)

(4) 研究方法:(略)

2. 文献综述和理论基础(约 3 000 字)

(1) 计算思维

- 定义和内涵:阐述计算思维的概念、特征、核心要素等。
- 培养目标:明确高中信息技术课程培养学生计算思维的目标。
- 评估方法:介绍常用的计算思维评估方法,为后续研究提供参考。

(2) 项目式学习

- 定义和特征:阐述项目式学习的概念、特征、基本流程等。
- 类型和特点:介绍不同类型的项目式学习,分析其在培养计算思维方面的优势和局限性。
- 设计原则：总结项目式学习设计的基本原则，为后续设计提供理论依据。

(3) 计算思维与项目式学习
- 结合点：分析计算思维与项目式学习的内在联系，阐述将两者结合的必要性和可行性。
- 实践案例：梳理国内外将计算思维融入项目式学习的实践案例，分析其经验和不足。

3. 计算思维导向的高中信息技术项目式学习设计（约 4 000 字）

(1) 项目选择
- 选择原则：根据高中信息技术课程标准和学生特点，确定项目选择的原则，如项目应具有真实性、趣味性、挑战性等。
- 项目案例：选择一个具体的项目案例，详细介绍项目的背景、目标、内容等。

(2) 项目设计
- 学习目标：根据计算思维的培养目标，制定项目的具体学习目标，包括知识目标、技能目标和情感态度价值观目标。
- 项目任务：将项目目标分解成具体的任务，并设计相应的活动和评价方式。
- 实施步骤：制定项目实施的详细步骤，包括准备阶段、实施阶段和总结阶段。
- 资源准备：列出项目实施所需的软硬件资源、学习材料等。

(3) 计算思维融入
- 策略设计：详细阐述如何将计算思维的各个要素融入项目设计的各个环节，如问题分解、算法设计、模型构建等。
- 工具应用：介绍项目实施过程中可以使用的信息技术工具，并说明如何利用这些工具促进学生计算思维的发展。

(4) 评价设计
- 评价目标：明确项目评价的目标，包括评价学生的计算思维发展水平、问题解决能力、团队合作能力等。
- 评价方法：采用多元化的评价方法，如过程性评价和终结性评价相结合、学生自评和同伴互评相结合等。

- 评价工具：设计相应的评价工具，如观察记录表、项目作品评分标准、学生反思日记等。

4. 教学实施与效果分析（约3 000字）

(1) 教学实施

- 研究对象：描述参与项目式学习的学生的基本情况，如年级、班级、人数等。
- 教学过程：详细记录项目式学习的实施过程，包括各个阶段的具体活动、师生互动情况、学生学习情况等。
- 教学反思：对项目式学习的实施过程进行反思，分析教学中的成功经验和不足之处。

(2) 效果分析

- 数据收集：采用多种方法收集数据，如学生作品、问卷调查、访谈记录等。
- 数据分析：运用统计分析、案例分析等方法对收集到的数据进行分析，得出研究结论。
- 结果呈现：使用图表、案例等形式清晰地呈现研究结果。

(3) 讨论

- 项目式学习对学生计算思维能力提升的影响：分析项目式学习对学生计算思维各方面能力的影响，如抽象思维、逻辑推理、问题分解等。
- 项目式学习对学生信息技术课程学习兴趣的影响：分析项目式学习对学生学习兴趣、学习动机、学习态度等方面的影响。
- 项目实施过程中遇到的问题及改进措施：总结项目实施过程中遇到的问题，并提出相应的改进措施。

5. 结论与展望（约1 500字）

(1) 研究结论

- 总结研究的主要发现，回答研究问题。
- 概括项目式学习在培养高中生计算思维方面的优势和局限性。
- 归纳在高中信息技术课程中实施项目式学习的经验和启示。

(2) 研究展望

- 指出研究的局限性，如研究样本量有限、研究时间跨度较短等。

- 提出未来研究方向，如开发更完善的计算思维评价体系、探索不同学科领域融合的项目式学习模式等。
- 对高中信息技术课程改革和计算思维培养提出建议。

在给出题目、研究目标和研究问题，以及论文的粗略框架之后，ChatGPT 给出的进一步细化框架和内容就能够围绕研究目标和研究问题合理地展开。如果对于给出的回答内容不够满意，可以进一步提出调整内容的任务要求，例如，取消某个要点，合并某几个要点等。另外，对于同样的问题，使用不同的语言模型，如 Claude 或豆包，进行答案比较，有助于整合优化内容。

9.3 用 ChatGPT 描述研究背景

论文的第一部分是"研究背景"。作为论文的导入，研究背景的内容应包括：说明研究的必要性和价值；阐明研究的问题。薛老师希望通过自己给出论文题目、研究目标、研究问题、论文框架等较丰富的内容信息，用 ChatGPT 初步生成研究背景的文本内容。这时，可以选择根据研究目标、研究问题和论文框架撰写"研究背景"部分内容的提示语模板：

"我的论文题目是'［具体论文题目］'。研究目标是：［研究目标］。研究问题包括：［研究问题 1］、［研究问题 2］、［研究问题 3］。论文框架为：［论文框架的各部分标题］。

请根据以上信息，撰写'研究背景'部分的初步内容。

要求：

a. 研究背景应体现以下两个研究观点：［观点 1：描述第一个研究观点］。［观点 2：描述第二个研究观点］。

b. 研究背景中需提及主要的研究问题，并适当引出研究目标和意义。"

薛老师基于该提示语模板，设计了以下问题，与 ChatGPT 围绕研究背景的描述进行了对话。

提问：我的论文题目为"计算思维导向的高中信息技术项目式学习设计与实施"。

研究目标：探讨如何在高中信息技术课程中融入计算思维培养，并利用项目式学习设计实施教学方案。

研究问题：① 如何设计培养计算思维的项目式学习方案？② 如何引导学生运用计算思维解决实际问题？③ 项目式学习对学生计算思维能力和学习兴趣的影响如何？

论文框架为："研究背景、文献综述和理论基础、计算思维导向的高中信息技术项目式学习设计、教学实施与效果分析、结论与展望"。

任务：撰写论文研究背景的初步内容。

要求：

1. 体现两个研究观点：

a）计算思维培养是高中信息技术课标要求和课程改革新方向。

b）项目式学习是培养计算思维的有效途径。

2. 体现研究问题

---

⑤ ChatGPT 计算思维导向的高中信息技术项目式学习设计与实施：研究背景

随着信息技术的快速发展和社会对人才需求的变化，计算思维作为一种解决问题的能力和思维方式，日益受到重视。培养学生的计算思维能力，已成为世界各国教育改革的共识，也是我国高中信息技术课程标准的要求和课程改革的新方向。新课标明确指出，高中信息技术课程应注重培养学生的计算思维，提升其利用信息技术解决实际问题的能力。然而，传统的以知识传授为主的教学模式难以有效达成这一目标，亟需探索更有效的教学方法和策略。

项目式学习（Project-Based Learning，PBL）作为一种以学生为中心的教学方法，强调学生在真实情境中通过完成项目来进行学习，其强调问题解决、实践操作和团队合作的特点与计算思维的培养目标高度契合。国内外研究表明，项目式学习能够有效促进学生计算思维的发展，提升其分析问题、解决问题的能力。将项目式学习应用于高中信息技术课程，为学生创设运用计算思维解决实际问题的真实情境，引导学生在实践中理解和应用计算思维，被认为是培养

> 学生计算思维的有效途径。
>
> 然而，如何在高中信息技术课程中有效地融入计算思维培养的目标，并利用项目式学习方法设计和实施相应的教学方案，仍是当前研究需要关注的重点问题。具体而言，本研究试图回答以下问题：
>
> 1. 如何设计符合高中信息技术课程特点，并能有效培养学生计算思维的项目式学习方案？（这需要研究者深入分析高中信息技术课程的目标、内容和学生特点，结合计算思维的内涵和要素，设计出既符合课程标准又切合学生实际的项目方案。）
> 2. 如何在项目实施过程中有效地引导学生运用计算思维解决实际问题？（这需要教师在教学过程中注重创设问题情境，引导学生运用计算思维的分析问题、抽象建模、算法设计等方法，逐步提升学生的计算思维能力。）
> 3. 项目式学习对学生计算思维能力的提升以及对信息技术课程学习兴趣的影响如何？（这需要研究者采用科学的评价方法，对项目式学习的效果进行评估，分析其对学生计算思维能力和学习兴趣的影响，为后续教学提供参考。）

在研究背景的撰写中，当教师向ChatGPT提供更丰富、更具体的研究信息时，例如：论文主题、研究目标、研究问题以及研究观点等，ChatGPT就能更好地理解研究背景的内容和任务要求，并将这些信息融入所生成的文本中。因此，可以在提出任务时，给出更具体的任务要求，例如：关键词（提供与研究主题相关的关键词，帮助ChatGPT聚焦内容）、内容框架（列出研究背景需要涵盖的要点，引导ChatGPT组织信息）、篇幅限制（设定字数要求，避免ChatGPT生成过于冗长或简短的文本），等等，这些都能帮助ChatGPT更精准地生成符合教师需求的研究背景内容，提高内容的聚合性和筛选效率。

9.4 用ChatGPT撰写文献综述

撰写文献综述和理论基础的主要流程包括：文献检索、文献分析、撰写综述和理论基础。在文献检索阶段，ChatGPT不能直接访问或检索包括中国知网（CNKI）在内的特定数据库，但可以提供检索策略和建议。ChatGPT的强大功能在于帮助教师对相关文献进行分析，提炼、总结和梳理观点。在此基础上，辅助教师完成研究综述和理论基础的撰写。

9.4.1 提供文献检索策略

在研究题目确定的基础上，薛老师基于研究题目，让 ChatGPT 提供检索关键词以及文献检索的策略和建议。这时可以参考以下提示语模板：

"我的论文题目是'[具体论文题目]'。为了完成论文中的研究综述部分，我需要查找与该论文题目相关的文献。请帮我提供[数量]个检索关键词，并提供相应的检索策略。"

薛老师基于该提示语模板，设计了以下问题，与 ChatGPT 围绕"如何进行文献检索"进行了对话。

提问：我的论文题目是"计算思维导向的高中信息技术项目式学习设计与实施"。为了完成论文中的研究综述部分，我需要查找与论文题目相关的文献，请帮我提供 3 个检索关键词，并提供相应的检索策略。

---

⑤ ChatGPT

以下是一些使用关键词进行快速检索的建议：

1. 确定关键词
- 主题词：计算思维（Computational Thinking），项目式学习（Project-Based Learning），信息技术课程（Information Technology Curriculum），高中教育（High School Education）
- 相关词：问题解决（Problem Solving），算法思维（Algorithmic Thinking），分解（Decomposition），抽象（Abstraction），模式识别（Pattern Recognition），编程（Programming），合作学习（Collaborative Learning），真实情境（Authentic Context）
- 同义词/近义词：计算性思维，PBL，信息技术教育，中学信息技术

2. 组合关键词
- 使用布尔逻辑运算符（AND，OR，NOT）组合关键词，提高检索的精准度。（例如："计算思维" AND "项目式学习" AND "高中信息技术课程"）

- 使用不同的关键词组合进行多次检索，确保全面覆盖相关文献。

3. 利用数据库高级检索功能
- 字段限定：将关键词限定在标题、摘要、关键词等特定字段中，提高检索效率。
- 出版年限：根据需要限定文献的出版年限，例如，检索近 5 年或 10 年的文献。
- 文献类型：选择期刊文章、会议论文、学位论文等特定类型的文献。

4. 参考已有文献的参考文献列表
查阅相关领域的综述性文章或高质量研究论文，从中获取更多相关文献线索。

5. 使用文献管理工具
例如，EndNote，Mendeley，Zotero 等，可以帮助你高效地收集、整理和管理文献。

一些常用的数据库：
- 中文数据库：中国知网（CNKI），万方数据知识服务平台，维普中文期刊服务平台
- 英文数据库：SpringerLink，ScienceDirect，Web of Science，ERIC，Google Scholar

检索小贴士：
- 尝试使用不同的关键词组合和检索策略，比较检索结果，找到最有效的检索方法
- 阅读文献的标题和摘要，初步筛选与研究主题相关的文献
- 记录检索过程和检索词，方便后续补充和完善文献综述

通过运用 ChatGPT 给出的检索策略，薛老师在中国知网（CNKI）和 Web of Science 上进行了中文文献和英文文献的核心期刊检索，并基于文献基本信息（包含文献题目、作者、出处、摘要、关键词等）筛选出了与自己的研究相关度高的文献。

9.4.2 分析相关文献

在综述撰写过程中，相关文献的分析环节通常会用到两种方法：一种是文献基本信息的比较分析，即通过对多篇文献的题目、摘要等基本信息进行分析，了解文

献的主要研究内容和研究观点；另一种是跨文献主题分析，即基于特定的研究主题对相关文献逐一阅读，提取其中与特定主题相关的主要研究内容和观点。前一种方法相对比较省力，但可能会忽略文章内容的细节或重要观点，这个工作教师自己可以通过 Excel 列表（包括标题、作者、期刊、摘要、关键词等）完成，也可以用 ChatGPT 帮助完成（需要给出所有文献题录信息文本，让 ChatGPT 帮助列出表格）；通过跨文献主题分析的方法可以关注到不同文章内容细节或重要观点，需要花较多的时间和工作量，使用 ChatGPT 则可以帮助教师节省大量时间。

在进行跨文献主题分析时，不是简单地将文献内容复制粘贴给 ChatGPT，而是要提出具体的问题，反馈调整，引导它进行分析和总结。可以使用分析附件文献并提取特定信息的提示语模板：

"请帮我分析附件中的文献，按照以下要点提取信息：[要点1]；[要点2]；[要点3]
要求：
a. 列出文献中每一要点的具体观点或内容。
b. 如果文献中没有涉及某个分析要点，请标出'没有论述'。"

薛老师基于该提示语模板，设计了以下问题，与 ChatGPT 围绕文献的分析进行了对话。

提问：请帮我分析附件文献，按照以下要点：（1）计算思维的定义、特征、核心要素、评估方法；（2）将计算思维融入项目式学习的研究观点、实践案例；（3）项目式学习的特征、设计原则、基本流程。

要求：

1. 列出文献的观点；

2. 如果文献中没有这些分析要点，则标出"没有论述"。

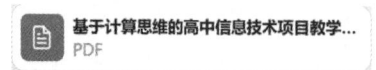

📄 基于计算思维的高中信息技术项目教学……
PDF

ChatGPT

以下是您提供的文献"基于计算思维的高中信息技术项目教学模式研究_张长水（1）.pdf"的分析：

1. 计算思维的定义、特征、核心要素、评估方法

定义：

- 文献引用了周以真教授对计算思维的定义，即借助计算机科学领域的基本原理和概念来求解问题。
- 文献也引用了"新课标"对计算思维的界定："个体运用计算机科学领域的思想方法，在形成问题解决方案的过程中产生的一系列思维活动"。

特征： 文献指出"抽象和自动化"是计算思维的本质特征。

核心要素：

- 文献提到了计算思维包含一系列数学和工程方面的思维方法，例如，抽象与分解、推理与约简、建模与仿真等。
- 文献引用了国际教育技术协会（ISTE）和计算机科学教师协会（CSTA）提出的计算思维操作性定义，包含五大操作要素：正确描述问题、逻辑分析问题、抽象组织数据寻找自动化方案、用数字化工具实施自动化方案、总结推广迁移问题求解方案。

评估方法： 没有论述，文献没有明确提出评估计算思维的具体方法。

2. 将计算思维融入项目式学习的研究观点、实践案例

研究观点：

- 文献指出在高中信息技术课程中发展计算思维，要改变原有陈旧的教学模式，凸显学科自身的教学创新性优势和价值。
- 文献认为要让学生学会从生活中的实际项目出发，围绕运用计算思维求解问题的五大操作要素设计合理算法，并通过计算机等数字化工具编制程序实现，提升学生信息素养。

实践案例：

- 文献以"最强大脑"游戏算法实现为例，设计了一个基于计算思维的项目式学习案例。
- 案例中详细阐述了如何将计算思维的五大操作要素融入项目立项、分析、实施和结项的各个环节。
- 案例中也提到了利用"导学平台""半成品代码"等教学资源辅助学生进行项目学习。

> **3. 项目式学习的特征、设计原则、基本流程**
> **特征：**
> - 以项目为中心：教师设置项目情境，学生围绕项目的完成开展学习活动。
> - 问题驱动：以问题为导向，引导学生自主探究、合作学习。
> - 注重实践：强调学生在项目实施过程中运用知识解决问题，提升实践能力。
> - 设计原则：没有论述，文献没有明确提出项目式学习的设计原则。
>
> **基本流程：**
> - 项目立项：确定项目需求，制定项目计划。
> - 项目分析：分析问题，收集素材，建立模型。
> - 项目实施：寻找并实施自动化方案，完成项目作品。
> - 项目结项：归纳总结，成果展示，反思评价，拓展迁移。
>
> **总结：**
> 　　该文献阐述了计算思维的定义、特征、核心要素，并结合项目式学习的理念，构建了"基于计算思维的项目教学模式（PTCT）"，并以"最强大脑"游戏算法实现为例进行了课堂实践探索。文献对于计算思维如何融入项目式学习的阐述较为清晰，但对于计算思维的评估方法、项目式学习的设计原则等方面缺乏更深入的探讨。

　　对多篇文献内容逐一分析更准确。在引导 ChatGPT 进行文献分析和总结时，可以通过复制粘贴每篇文献内容文本的方式，直接提供给 ChatGPT 进行内容分析，这种方式更快速、更高效；也可以提供文献附件，通过文件读取和解析操作分析内容；还可以提供文章的 DOI 链接或其他公开访问地址，让 ChatGPT 访问网络并获取文本内容。建议对每篇文献逐一进行分析，以避免漏掉文献中的重要内容。

　　给出具体的分析要点更有效。相较于仅概括某篇文献的内容和研究观点，在对指定文献进行具体问题分析或分析方向、靶向分析时，ChatGPT 给出的分析结果要更有深度。ChatGPT 可对指定文献内容进行全方位挖掘，提取对于分析目标的有用观点，更适用于文献综述撰写的要求。

9.4.3　撰写研究综述

　　在研究综述撰写过程中，ChatGPT 可以有效提升效率和深度。鉴于任务要求和文献内容是影响最终效果的关键因素，为确保 ChatGPT 更好地理解和分析信息，建议采用逐篇分析的模式。可对每篇文献进行简单编号，例如，♯1、♯2，等等。使用简单编号可以避免格式问题，让 ChatGPT 更容易理解和处理信息，提高分析效率。

任务要求越明确、越细致，分析结果就越好。包括：提供研究综述详细的提纲；提供每篇文献编号对应的引用信息列表；给出重点阐述内容的要求；分段落阐述；字数篇幅的要求；等等。适用于从多篇文献中提取内容并撰写特定主题的研究综述提示语模板如下：

"请帮我撰写一篇［研究主题］的现状综述，要求如下：

a. 结构安排：

（a）引言：阐述研究主题的概念界定、研究意义和文献检索方法。

（b）主体：分析相关理论研究、实践应用研究、创新方法研究等方面的现状。

（c）总结：归纳研究趋势、指出研究不足，并引出研究切入点。

b. 总体要求：引用采用［格式要求］，采用［具体呈现］形式，字数［具体字数］。

以下是所需分析的具体文献资料：［提供文献内容］。"

薛老师基于该提示语模板，设计了以下问题，与 ChatGPT 围绕"研究综述的撰写"进行了对话。

提问：请根据♯1-♯8 的 8 篇文献分析内容，撰写"计算思维导向的高中信息技术项目式学习设计与实施"的文献综述。

要求：

1) 结构安排：♯♯♯

一、计算思维的研究现状

1. 计算思维的定义

2. 计算思维的核心要素与主要特征

3. 计算思维的评估方法

二、将计算思维融入项目式学习的研究现状

1. 项目式学习的特征、设计原则、基本流程

2. 计算思维融入项目式学习的研究观点和实践案例

三、目前研究的现状总结与研究不足 ♯♯♯

2) 总体要求

（a）在文献综述中，请将文献的数字编号改为对应的引用格式，如"（范文翔

等，2018）"；*

（b）对"计算思维的评估方法""项目式学习的设计原则""计算思维融入项目式学习的研究观点和实践案例"进行详细描述

（c）分段落写作

（d）综述的文字在 4 000 字左右

* 需要提供文献数字编号对应的文献信息列表

---

⑤ ChatGPT 文献综述：计算思维导向的高中信息技术项目式学习设计与实施

一、计算思维的研究现状

1. 计算思维的定义

计算思维（Computational Thinking）自 2006 年由周以真教授提出以来，迅速成为教育领域的研究热点（范文翔等，2018）。计算思维被认为是一种解决问题的思维方式，它利用计算机科学的基本概念来表达问题的解，并设计解决方案，最终由计算机执行（范文翔等，2018；肖广德等，2016）。尽管学界对计算思维的定义尚未达成完全一致，但普遍认为它是一种能够迁移到不同领域的核心素养，强调利用计算机科学的思维方式来解决问题（张学军等，2022；陈兴冶等，2019；范文翔等，2018；张长水，2024）。

2. 计算思维的核心要素与主要特征

计算思维的核心要素包括抽象、分解、算法、调试和评估等（张学军等，2022；陈宏斌，2023）。抽象是指从具体问题中提取出关键信息和模式，并将其转化为可计算的形式（陈兴冶等，2019）。在设计一个学生信息管理系统时，需要将学生姓名、学号、班级等信息抽象成数据结构，以便于计算机存储和处理。分解是指将复杂问题拆解成若干个更容易解决的子问题（宿庆等，2022）。将学生信息管理系统分解成用户登录模块、信息查询模块、信息修改模块等，逐个模块进行设计和实现。算法是指设计一系列明确的步骤来解决问题，并确保其可被计算机执行（范文翔等，2018）。例如，设计一个算法来实现学生信息的排序和查找功能。调试是指识别和修复程序中的错误（肖广德等，2016）。通过测试和调试来发现和修复程序中的语法错误、逻辑错误等。评估是指对解决方案的有效性和效率进行分析和改进（张长水，2024）。例如，评估学生信息管理系统的运行效率和用户体验，并进行相应的优化。

计算思维具有问题导向性、算法性、抽象性和逻辑性等主要特征。问题导向性意味着计算思维强调以解决问题为中心，将问题作为学习的起点和驱动力（范文翔等，2018；宿庆等，2022）。算法性强调使用算法来描述解决方案，并确保其可被计算机执行（范文翔等，2018；肖广德等，2016）。抽象性强调从具体问题中抽象出共性和规律，并将其转化为可计算的形式（陈兴冶等，2019；陈宏斌，2023）。逻辑性则强调使用逻辑推理和分析来解决问题，并确保解决方案的正确性（张学军等，2022；张长水，2024）。

3. 计算思维的评估方法

目前，对计算思维的评估方法主要包括表现性评估、问卷调查和任务分析等。

表现性评估：表现性评估通过分析学生在解决实际问题过程中的表现来评估其计算思维能力，例如作品分析、观察记录等（张长水，2024；陈宏斌，2023）。作品分析是指通过分析学生完成的项目作品，例如，程序代码、设计文档等，来评估其计算思维的应用水平。观察记录是指通过观察学生在解决问题过程中的行为表现，例如，如何进行问题分析、如何设计算法、如何进行调试等，来评估其计算思维的应用能力。

问卷调查：问卷调查通过设计针对计算思维核心要素的问卷来评估学生的计算思维水平（张学军等，2022）。例如，可以设计问卷来调查学生对抽象、分解、算法等概念的理解程度，以及对问题解决策略的掌握程度。

任务分析：任务分析则通过分析学生完成特定计算任务的过程和结果来评估其计算思维能力（肖广德等，2016）。例如，可以设计一些编程任务或算法设计任务，让学生完成，并根据其完成情况来评估其计算思维的应用水平。

然而，现有的评估方法还存在一些局限性，例如缺乏统一的标准、难以全面评估学生的计算思维能力等（宿庆等，2022）。例如，不同的评估方法可能会有不同的评估标准，导致评估结果难以比较。此外，现有的评估方法往往只能评估学生在特定情境下的计算思维能力，难以全面反映学生的综合素质。

二、将计算思维融入项目式学习的研究现状

1. 项目式学习的特征、设计原则、基本流程

项目式学习（Project-Based Learning）是一种以学生为中心的教学方法，强调学生通过完成真实情境中的项目来学习知识和技能（宿庆等，2022）。

项目式学习的特征：项目式学习的主要特征包括真实性、探究性和合作性。真实性指项目来源于真实世界的问题或挑战，与学生的实际生活密切相关（陈宏斌，2023）。例如，可以设计一个项目，让学生开发一个手机应用程序来解决社区中存在的实际问题。探究性指学生需要主动探究、收集信息、分析问题和解决问题（张长水，2024）。例如，在开发手机应用程序的过程中，学生需要学习相关的编程知识、设计软件界面、进行用户测试等。合作性指学生通常以小组合作的方式完成项目，培养团队合作精神和沟通能力（陈兴冶等，2019）。例如，在项目开发过程中，学生需要分工合作，共同完成项目的设计、开发和测试等环节。

项目式学习的设计原则：项目式学习的设计应遵循以学生为中心、问题驱动和目标明确的原则。以学生为中心意味着项目的设计应以学生的兴趣、需求和能力为出发点（张学军等，2022）。例如，在设计项目时，可以考虑学生的兴趣爱好，选择与之相关的项目主题，并根据学生的学习能力设置不同的项目难度。问题驱动指项目应围绕一个驱动性问题展开，激发学生的学习兴趣和探究欲望（宿庆等，2022）。例如，可以设计一个项目，让学生探究如何利用人工智能技术来改善生活质量。目标明确指项目应有明确的学习目标，并与课程标准相一致（范文翔等，2018）。例如，在设计项目时，需要明确学生需要掌握哪些知识和技能，并确保这些目标与课程标准相一致。

项目式学习的基本流程：项目式学习的基本流程包括项目启动、项目设计、项目实施和项目评价。项目启动阶段需要确定项目主题、目标和时间安排（张李，2024）。项目设计阶段需要制定项目计划、分配任务、收集资料（肖广德等，2016）。项目实施阶段是学生开展项目活动、解决问题、完成作品的关键环节（陈兴冶等，2019）。最后，项目评价阶段需要对项目成果和学习过程进行评价和反思（陈宏斌，2023）。

2. 计算思维融入项目式学习的研究观点和实践案例

近年来，越来越多的研究者开始关注如何将计算思维融入项目式学习中，以培养学生的计算思维能力（张长水，2024；宿庆等，2022）。研究表明，项目式学习能够为学生提供真实的情境和问题，促进其运用计算思维解决问题（张学军等，2022；陈宏斌，2023）。

研究观点：一些研究者认为，项目式学习能够有效地促进学生计算思维的发展。例如，一些研究表明，参与项目式学习的学生在问题解决能力、算法设计能力、抽象思维能力等方面都有显著提高。此外，一些研究还发现，项目式学习能够提高学生的学习兴趣和学习动机，促进其主动学习和深度学习。

实践案例：一些研究者开发了将计算思维融入项目式学习的课程和教学案例。例如，将计算思维融入小学 Scratch 编程课程中，设计了一系列以游戏设计为主题的项目，引导学生运用计算思维解决游戏设计中的问题（陈宏斌，2023）。在这个案例中，学生需要运用抽象思维来设计游戏角色和场景，运用分解思维来将游戏功能分解成不同的模块，运用算法设计来实现游戏逻辑，运用调试技巧来修正游戏中的错误。此外，也有研究以高中信息技术课程"开源硬件项目制作"为例，构建了面向计算思维培养的项目式学习模式，并提出了具体的实施流程（宿庆等，2022）。在这个案例中，学生需要运用计算思维来设计和制作智能家居系统、智能机器人等。

这些研究表明，将计算思维融入项目式学习是可行的，并且能够有效地培养学生的计算思维能力。

三、目前研究的现状总结与研究不足

总体来看，目前的研究已经初步建立了计算思维的概念框架和核心要素，提出了多种评估方法，并探讨了将计算思维融入项目式学习的可能性和实践路径。然而，现有研究仍存在一些不足。

项目式学习设计的系统性不足：例如，缺乏针对高中信息技术课程的系统性设计框架（陈宏斌，2023；宿庆等，2022）。现有的研究大多集中在探讨将计算思维融入项目式学习的一般性原则和方法，缺乏针对高中信息技术课程特点的具体指导。例如，如何将计算思维融入数据结构、算法设计、数据库等具体课程内容中，还需要进一步研究。

> **对计算思维在项目实施过程中的运用缺乏具体指导**：教师如何有效引导学生运用计算思维解决实际问题仍需进一步研究（张学军等，2022；张长水，2024）。例如，在项目实施过程中，教师如何引导学生进行问题分析、算法设计、程序调试等，如何帮助学生克服困难、解决问题，都需要进一步探索。
>
> **对项目式学习效果的评估缺乏长期追踪和多维度分析**：需要构建更全面、科学的评价体系（宿庆等，2022）。现有的研究大多采用短期评估的方式来评估项目式学习的效果，缺乏长期追踪和多维度分析。例如，需要关注项目式学习对学生长期学习能力、创新能力、团队合作能力等方面的影响，需要开发更加全面、科学的评价工具和方法。
>
> 未来的研究应在这些方面进一步深入，提供更系统、更具体的指导和评估方法，以更好地促进计算思维的培养。

在使用 ChatGPT 辅助文献综述时，不能完全依赖它，需要对它给出的内容保持批判性思考，可以查阅原文以确保文献引用的权威性与准确性。

9.5　用 ChatGPT 优化模式设计

在论文写作中，清晰的研究设计至关重要，它不仅体现了作者对研究问题的深刻理解，更决定了解决问题的路径。借助 ChatGPT 完善研究设计时，聚焦核心要素尤为关键。以薛老师的论文为例，研究重点在于设计"计算思维导向的高中信息技术项目式学习"活动模式。为使 ChatGPT 更精准地优化该模式，需清晰阐述其构成要素，包括活动阶段、具体活动、策略/支架运用以及计算思维培养的评价方式。适用于设计学习活动模式并要求提供图示和详细说明的提示语模板如下：

"请为我设计一个'［研究主题］'的教学模式，参考以下内容：

a. 研究基本要素：（1）研究主题：［填写具体主题］；（2）研究对象：［填写目标群体］；（3）研究目标：［填写预期目标］。

b. 待解决的核心问题：［问题1］［问题2］［问题3］。

c. 模式主要构成要素：[要素1，如教学环节]；[要素2，如支持策略]；[要素3，如评价方式]。

d. 要素详细说明：[要素1的具体内容]；[要素2的具体内容]；[要素3的具体内容]。

输出要求：设计一个模式结构图或框架图，展示各要素关系，并以文字描述该图内容。"

薛老师基于该提示语模板，设计了以下问题，与ChatGPT围绕"创新教学模式的设计与可视化呈现"进行了对话。

提问： 请根据以下内容，帮我设计"计算思维导向的高中信息技术项目式学习活动"模式。

＃＃＃1. 研究主题：计算思维导向的高中信息技术项目式学习设计与实施

2. 研究问题：

(1) 如何设计有效培养计算思维的项目式学习方案？

(2) 如何引导学生运用计算思维解决实际问题？

(3) 项目式学习对学生计算思维能力和学习兴趣的影响如何？

3. 模式要素：

(1) 活动阶段

(2) 活动支架

(3) 评价工具

4. 要素详解：

(1) 活动阶段：

- 项目引入：通过情景引入激发兴趣，指导学生制定项目计划。
- 项目探究：学生进行合作探究，实施项目并解决问题。
- 项目展示：学生展示成果，进行反思和总结评估。

(2) 活动支架：

- 概念性支架：提供必要的概念和理论知识。
- 程序性支架：提供项目实施的操作指南。
- 元认知支架：引导学生进行自我反思和调节。
- 策略性支架：提供问题解决的思路和方法。

(3) 评价工具：
- Python 程序设计测试：评估学生的计算概念理解和应用。
- 计算思维测量量表：评估学生的计算实践、计算观念等维度。
- 半结构化访谈：了解学生的学习体验和课程改进建议。＃＃＃

任务要求：

设计一个流程图或框架图，直观呈现活动模型的结构和各要素之间的关系，并以文字描述说明。

---

⑤ ChatGPT　计算思维导向的高中信息技术项目式学习活动模式

一、模式描述

　　本模式旨在构建一个以计算思维培养为核心的高中信息技术课程项目式学习框架，并通过设计合理的活动阶段、嵌入式活动支架和多元评价机制，引导学生在实践中理解和应用计算思维，提升信息技术核心素养。

二、模式说明

1. 项目式学习活动阶段

(1) 项目引入阶段：通过创设真实情境，激发学生的学习兴趣，引导学生明确项目目标、任务和计划。

(2) 项目活动探究阶段：学生以小组合作的方式，运用计算思维方法分析问题、设计方案、编写程序、调试运行，完成项目作品。

(3) 项目展示交流阶段：学生展示项目成果，分享经验和反思，并进行总结评估，提升表达能力和反思能力。

2. 嵌入式活动支架：在每个活动阶段，教师根据学生需要提供不同类型的支架，帮助学生克服学习障碍，提升学习效率。

(1) 概念性支架：提供必要的知识讲解、概念解释和案例分析，帮助学生理解和掌握相关概念。

(2) 程序性支架：提供程序代码模板、调试技巧和常见问题解决方案，帮助学生解决程序设计中的技术问题。

(3) 元认知支架：引导学生进行自我监控、反思和调整，提升学习策略和问题解决能力。

策略性支架：提供解决问题的思路、方法和技巧，帮助学生运用计算思维解决实际问题。

3. 多元评价机制：采用多种评价方式，对学生的学习过程和学习成果进行全面评估。

(1) Python 程序设计测试题：评估学生对 Python 编程语言的掌握程度和程序设计能力。

(2) 计算思维测量量表：评估学生在创造力、算法思维、合作能力、批判性思维和问题解决能力等方面的表现。

(3) 半结构化访谈提纲：了解学生的学习兴趣、计算思维认识和课程改进建议，为课程优化提供依据。

三、模式图示

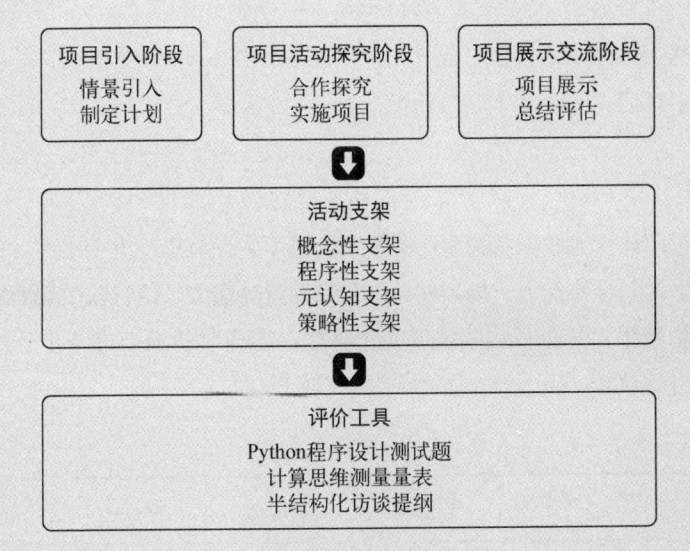

```
┌──────────┐  ┌──────────┐  ┌──────────┐
│项目引入阶段│  │项目活动探究阶段│  │项目展示交流阶段│
│ 情景引入  │  │  合作探究  │  │  项目展示  │
│ 制定计划  │  │  实施项目  │  │  总结评估  │
└──────────┘  └────┬─────┘  └──────────┘
                   ▼
          ┌────────────────┐
          │    活动支架     │
          │   概念性支架    │
          │   程序性支架    │
          │   元认知支架    │
          │   策略性支架    │
          └────────┬───────┘
                   ▼
          ┌────────────────┐
          │    评价工具     │
          │Python程序设计测试题│
          │  计算思维测量量表 │
          │  半结构化访谈提纲 │
          └────────────────┘
```

该图示模式展示了项目式学习的三个主要阶段、活动支架以及计算思维的评价工具，通过图示化可以更清晰地理解各阶段和支架的关系及其在项目中的应用。

在 ChatGPT 给出的回答里，对活动模式的文字描述清晰，并且对教师提供的内容进行了优化，还给出了模式图示。目前 ChatGPT 等语言模型对复杂流程图的呈现还不够完善，需要教师使用专业画图工具对其重新设计或补充。

9.6 用 ChatGPT 分析研究数据

为了更好地利用 ChatGPT 分析数据，需要提供清晰的分析目标和任务，并提供充分的上下文信息，帮助 ChatGPT 理解数据背景和分析方向，引导其进行更深入的思考。适用于分析数据并提供解释的提示语模板如下：

"请对以下［研究主题］的数据进行分析：

a. 数据基本信息：数据来源：［问卷/访谈/观察/实验等］；数据类型：［定量/定性/混合］；样本特征：［数量/对象特点］。

b. 分析维度：整体趋势；主要特征；关键发现；可能的原因；影响因素。

c. 结论与建议。

请结合［理论依据/实践背景］，给出深入的分析解释。"

薛老师基于该提示语模板，设计了以下问题，与 ChatGPT 围绕"数据的分析与解释"进行了对话。

提问：

下表是通过"计算思维测量量表"测量实验组学生计算思维五个维度（包括创造力、算法思维、合作能力、批判性思维和问题解决能力）进行前后测的数据。请解释表中数据，并分析哪些维度变化明显，结合活动模型进一步分析可能的原因和改进建议。

表 9-1　实验组学习者计算思维五个因子前后测数据

维度	实验组	数据量	平均值	标准差	显著性
创造力	前测	52	14.81	2.51	0.16
	后测	52	15.98	2.04	
算法思维	前测	52	14.08	2.85	0.00
	后测	52	17.33	1.11	
合作能力	前测	52	15.06	3.46	0.00
	后测	52	17.33	1.51	

续　表

维度	实验组	数据量	平均值	标准差	显著性
批判性思维	前测	52	13.50	3.60	0.00
	后测	52	16.25	1.72	
问题解决能力	前测	52	16.67	3.87	0.35
	后测	52	17.27	2.56	

⑤ ChatGPT　实验组学生计算思维五个因子前后测数据分析

从表9-1中可以看出，经过项目式学习后，实验组学生在计算思维五个维度上的平均值均有所提升。其中：

- 算法思维、合作能力和批判性思维这三个维度的提升最为显著，且前后测差异具有统计学意义（p值均小于0.05），说明项目式学习对这三个维度的提升效果较为明显。
- 创造力和问题解决能力的提升相对较小，且前后测差异不具有统计学意义（p值大于0.05），说明项目式学习对这两个维度的提升效果有限。

结合活动模型分析，造成这种现象的原因可能有以下几点：

1. 算法思维提升显著的原因：

- 项目式学习强调将计算思维应用于解决实际问题，而算法思维是解决问题的核心能力之一。
- 在项目活动探究阶段，学生需要运用算法思维分析问题、设计方案、编写程序，这有助于学生深入理解和应用算法思维。
- 教师提供的程序性支架和策略性支架，可以帮助学生更好地掌握算法设计和问题解决的方法，进一步提升算法思维能力。

2. 合作能力提升显著的原因：

- 项目式学习通常采用小组合作的方式进行，学生需要共同完成项目任务，这为学生提供了锻炼合作能力的机会。
- 在合作探究和项目实施过程中，学生需要进行沟通、协作、互相帮助，这有助于提升学生的沟通能力、团队合作能力和责任感。

> 3. 批判性思维提升显著的原因：
> - 项目式学习鼓励学生进行反思和评估，学生需要对项目过程和结果进行批判性思考。
> - 在项目展示交流阶段，学生需要对项目进行总结评估，并进行反思和改进，这有助于培养学生的批判性思维能力。
> - 教师提供的元认知支架，可以引导学生进行自我监控、反思和调整，进一步提升批判性思维能力。
> 4. 创造力和问题解决能力提升不明显的原因：
> - 创造力和问题解决能力的提升需要长时间的积累和训练，而项目式学习的周期相对较短，可能不足以对这两个维度产生显著影响。
> - 项目主题的选择和项目活动的设计，对培养学生的创造力和问题解决能力至关重要。如果项目缺乏挑战性或与学生的实际生活脱节，则难以有效提升学生的创造力和问题解决能力。
>
> 改进建议：
> 　　在设计项目式学习活动时，应更加关注对学生创造力和问题解决能力的培养，例如：选择更具开放性和挑战性的项目主题，鼓励学生提出创新性的解决方案，提供更多元化的活动支架等。
> 　　进一步优化评价工具，例如：设计更能体现学生创造力和问题解决能力的评价指标，采用更加多元化的评价方式等。

9.7 用 ChatGPT 修改完善论文

　　借助 ChatGPT 进行论文初稿润色修改，一般包括对初稿内容的逻辑表达、语句是否冗余重复、是否有错别字与错误的标点符号、句子表达是否有语法错误，句子结构是否影响读者理解，等等。要求 AI 以学术期刊编辑角色对文本进行全面的审查和修改的提示语模板如下：

　　"请你作为一名学术期刊的编辑，仔细阅读以下文本，并找出其中的逻辑表达、语句重复、语法、标点、句子结构等方面的错误，确保文本信息准确、清晰且连贯

完成后，请对照原文标注出你所发现的每一个错误，并提供准确的修改建议。＃＃＃［论文要修改的章节］

薛老师基于该提示语模板，设计了以下问题，与ChatGPT围绕"论文的修改与完善"进行了对话。

提问：
　　请你作为一名学术期刊的编辑，仔细阅读以下文本，并找出其中的逻辑表达、语句重复、语法、标点、句子结构等方面的错误，确保文本信息准确、清晰且连贯。完成后，请对照原文标注出你所发现的每一个错误，并提供准确的修改建议。
　　＃＃＃本研究以高中信息技术课程项目式学习作为教学方式，以促进学习者计算思维的发展为目标，依据教育目标分类理论和教学设计理论，在建构主义学习理论的指导下，在项目式学习活动中，设计了一系列相关学习活动项目，并设计并使用了不同的活动支架，包括：概念性支架、程序性支架、元认知支架、策略性支架策略，通过学习活动项目开展教学活动，在A市某中学进行教学实践，探究面向计算思维培养的高中信息技术课程项目式教学设计与实践对学习者计算思维能力发展的效果，验证了本研究所构建的教学模式的有效性。＃＃＃

⑤ ChatGPT
标注错误并提供修改建议：
1. 逻辑表达错误：
- 原文："本研究以高中信息技术课程项目式学习作为教学方式，以促进学习者计算思维的发展为目标，依据教育目标分类理论和教学设计理论，在建构主义学习理论的指导下……"
- 修改建议：本句逻辑顺序混乱，建议调整为："本研究以促进学习者计算思维的发展为目标，在建构主义学习理论的指导下，依据教育目标分类理论和教学设计理论，采用高中信息技术课程项目式学习作为教学方式……"

2. 语句重复：
- 原文："在项目式学习活动中，设计了一系列相关学习活动项目"
- 修改建议：删除重复部分，改为"在项目式学习活动中，设计了一系列学习活动"。

3. **语法错误：**
- 原文："并设计并使用了不同的活动支架"
- 修改建议：删除多余的"并"，改为"并使用了不同的活动支架"。
- 原文："策略性支架策略"
- 修改建议：删除多余的"策略"，改为"策略性支架"。

4. **标点错误：**
- 原文："包括：概念性支架、程序性支架、元认知支架、策略性支架策略"
- 修改建议：删除冒号，改为"包括概念性支架、程序性支架、元认知支架、策略性支架"。

5. **标点错误 & 语句冗长：**
- 原文："通过学习活动项目开展教学活动，在A市某中学进行教学实践，探究面向计算思维培养的高中信息技术课程项目式教学设计与实践对学习者计算思维能力发展的效果，验证了本研究所构建的教学模式的有效性。"
- 修改建议：将长句断句，并使用更简洁的语言。例如："研究小组在A市某中学开展了教学实践，探究该教学设计对学习者计算思维能力发展的影响，并验证了所构建教学模式的有效性"。

修改后的文本：

　　本研究以促进学习者计算思维的发展为目标，在建构主义学习理论的指导下，依据教育目标分类理论和教学设计理论，采用高中信息技术课程项目式学习作为教学方式。在项目式学习活动中，设计了一系列学习活动，并使用了不同的活动支架，包括概念性支架、程序性支架、元认知支架、策略性支架。研究小组在A市某中学开展了教学实践，探究该教学设计对学习者计算思维能力发展的影响，并验证了所构建教学模式的有效性。

　　在论文修改润色的过程中，要提供完整的文本，让ChatGPT全面把握论文内容，并分段进行修改。需要注意的是，过长的段落可能会影响ChatGPT的处理效果，建议根据实际情况适当控制每段的长度。同时，说明论文的目标读者群和计划投稿的期刊，能帮助GPT更好地调整修改方向。如果有现成的评审意见，也可以一并提供，这将使GPT的修改更有针对性。

在修改过程中，需要增加学术性的引导维度，如：询问论文的论证是否严密，研究方法是否恰当，论文的创新点和学术价值，等等。通过这些策略，你可以充分利用 GPT 的能力，获得更有针对性和实用性的论文修改建议。

当然，也要清楚认识 ChatGPT 的局限性。作为一个 AI 工具，其辅助性定位是不容置疑的，不可能完全替代人工修改。教师需要具备一定的判断能力，批判地吸收 ChatGPT 的建议，根据实际情况进行选择和调整。